佩玉将将

李惠新 丁峰/著

百花文艺出版社
BAIHUA LITERATURE AND ART PUBLISHING HOUSE

图书在版编目（CIP）数据

佩玉将将 / 李惠新，丁峰著．—天津：百花文艺出版社，2011.6
ISBN 978-7-5306-5925-0

Ⅰ．①佩…　Ⅱ．①李…　②丁…　Ⅲ．①古玉器—中国—图集　Ⅳ．①K876.82

中国版本图书馆 CIP 数据核字（2011）第 095673 号

百花文艺出版社出版发行
地址:天津市和平区西康路 35 号
邮编:300051
e - mail:bhpubl@ public.tpt.tj.cn
http://www.bhpubl.com.cn
发行部电话:(022)23332651　邮购部电话:(022)23332478
全国新华书店经销
河北省三河市宏达印刷有限公司印刷

*

开本 880×1230 毫米　1/16　印张 15.5　插页 4
2011 年 6 月第 1 版　2011 年 6 月第 1 次印刷
定价:198.00 元

写在前面

话还是说白了好:这是一本交流读玉心得和探讨鉴玉方法的札记——配了点图片,写了点文字。没有什么宏言大义,也没有值得被称之为"经验"的东西,只是把喝茶聊天,或者把酒对酌时交流的言语,择其有关古玉的片断,记录整理下来,断断续续的,算是结成了集子。说得好听点,叫做"切磋"。那么,这本集子,就也算是"切磋"的成果了。因此,虽然在结集的时候,我们的心是虔诚的,态度也是认真的,就像面对那些灿烂的古玉一样,但会有什么结果呢? 我们也未可知,便只好顺其自然了。我们只想留一点印痕,跟同样喜欢常拿古玉来说事的人、跟爱玉爱得有点迷惘和寂寞的人,或者跟后来的人,谈谈家常——当然,相信"玉"在以后一部分人的生活中也是家常的话题。

时代这几年有了惊人的进步和发展。但是世风的变化也同样令人惊讶,最大的变化就是,现在人与人之间的戒备心理好像越来越重了,而对这个世界的信任感也越来越缺乏。神医是假的,学术是假的,艺术品是假的,明星头上的光环也是假的,还有诸如三聚氰氨、苏丹红、地沟油、注水肉,等等等等,试想想,这个社会,充斥着这么多的伪劣陷阱,我们还能相信什么? 古玉收藏这一角,不同样也是是非纷争、乱象丛生么?

事实也正是如此。但我们还是要说,现在还有一种同样是非常不好的心态,即对任何事物都用极端的态度去看待:极端地去崇拜什么或否定什么,这都不利于我们的心智健康,也会使我们生活的幸福感大打折扣。因为你总是在跟风或抱怨,心里会感到充实吗?对于热爱古玉的人来说,这个道理应该是一样的。

在古玉收藏和辨识方面，极端的思维同样会阻碍我们的认知进步。在现实中，那些不合常态的司空见惯的状况常常令我们感到不安：有些极端信奉“经验”的藏家，与那些“唯馆藏标准器考证是信”的学者之间，总是隔着一条难于逾越的鸿沟。这是其一。其二，也有极少一些所谓的古玉鉴藏“行家”或资深人士，由于疏忽了知识的更新和信息的积累，因此在玉器鉴定上出现两个极端：要么对于那些似是而非的玉器甚至中、低档仿品也大都肯定，皆大欢喜；要么对一些器型、纹饰、玉表等稍为陌生的真品一概否定，“宁左勿右”。这种超乎常理的宽容和苛刻，其实都是一种缺乏实事求是精神的表现，对于一些尚处于摸索阶段的古玉收藏爱好者来说，很可能会起到误导的作用。其三，玩玉与汲取文化营养之间的极度脱节。一些声称入道很深的古玉玩家，谈吐之间口气不小却十分缺少文化鉴赏内涵。说起“文化”他们常常会不屑一顾，认为那与古玉是风马牛毫不相及。反之，也有一些自以为文化玩得很好的“雅士”，其实玩的只是文字游戏而与实际毫不相干，真的说假或假的说真，分析起来一样头头是道，焉知全是扯淡。“皮之不存，毛将焉附？”对于他们来说，没有经历过痛苦而曲折的收藏磨炼，没有真实可信的实物作为研究，那些白纸黑字里的东西又有什么意义？……上述种种极端的现象，相信困惑的一定不只是作者，而是我们身边很大的一批人群。我们愿意说出来，是我们能够看清了这种时势。我们希望有更多的同好能认清这种世态，那么，对于矫正我们的心理，对于理智面对各种极端的对立，对于矛盾的包容性的提高，甚至对于改进我们玩玉的心态和识玉的思维方式，都会有着有益的帮助。

用藏品来说话，这是大家都喜欢挂在口头的一句话。不管最后做得如何，我们也是想这样做的，因此挑选了一些汉代以前的古玉——其中有作者以十数年心血自己珍藏的，也有同仁朋友的——按年代归类并结集出版。其中的文字，有的与藏品相关联，是我们在切磋鉴赏时粗略的体会；也有的只是我们在一般规律上对古玉的鉴识发表一己之见。这些文字的体例，是自由松散的，不拘一格的，有一说一，率性而道，因此，如果你把它当作一本系统、严谨的学术著作和传道解惑的教科书来读，那是你的错！何况，书中的有些说法或见解，囿于作者自身的学识修养，难免会有较多的偏颇或谬误——虽然从本意来讲，我们并不想给人以误导。

我们深感，古玉水深，深不见底，要想解开许多古玉内涵的症结，对于才疏学浅的作者来说，显然是力所不能逮。因此，诚如本文开头所言，作为一种交流和探讨，我们是认真和真诚的。我们希望读者能理解这种认真和真诚，这样的话，才能对拙作的偏颇和谬误，给予足够的包容与谅解。谢谢！

路很长，我们会更加努力的！

目录

001 序言(张广文)
001 话说君子之风(代自序)

003 玉人面、兽面与王者之气
012 商代玉虎的威猛之美
017 商、周玉兔的形态特点
025 商代玉龙折射先人丰富的想象力
037 千姿百态的殷商玉鸟
043 商代晚期肖生类玉雕的常见装饰艺术
049 谈谈西周咬尾龙
059 模式化而又优美无比的西周凤鸟
066 西周勾撤法工艺与现代仿造特点
072 西周龙纹合体佩的构思艺术
082 柄型器的简略与华美

087 商周的玉器材质辨识

096 玉器雕琢中的“回首律”艺术
——解析两件春秋时期的玉虎与玉龙

102 春秋玉器的装饰艺术更甚于造型艺术

108 战国时代——玉器雕塑艺术的极致

118 战国玉器中的凤鸟之舒展美

125 战国玉器中的玉龙之张力美

130 战国玉器中的龙凤合体之和谐美

139 从“尸子”说玉看战国时期的识玉观

150 “坑口”与古玉表象差异

163 在“珍稀”与“臆造”之间

174 说虺、蛇
——一种流行于战国时期的玉器纹饰

185 穿云破雾
——汉代玉螭的形体交代

196 对一件汉代辟邪的赏析

202 佩蝉与啥蝉

208 玉人佩的写实与神化

218 说说目鉴识玉的是非与局限

228 图录索引

231 后记

序　言

中国古代玉器，由于蕴含着深厚的历史文化内涵，加上它们的温润悦目的质感，因此越来越成为人们时尚的追求和品质生活的一种象征。现在，在热爱艺术品收藏的队伍中，玉器收藏已经占有了很大的比例。而古代玉器的收藏，也有日渐红火的趋势，这对于弘扬中华民族传统文化、提升国民文明素养，无疑会起到十分有益的作用。

但是如果回到古玉收藏的现实中来，就会发现实际情况与我们的愿望并不乐观。不少的古玉收藏家，几乎都面临着一个共同的困惑，那就是市场与判断标准的混乱常常让人不知所措。市场的混乱，就是赝品遍地，并且造假手法越来越高明，以至于不少赝品足以以假乱真，非但让不少古玉爱好者走偏路子而走火入魔，同时让藏家即便偶遇真品也不敢贸然下手。判断标准的混乱，也就是对于一件藏品的鉴定，特别是一些年代久远、信息量丰富深刻的高古玉器，由于目前还缺乏有效的科学检测手段，因此常常形成智者见智仁者见仁的意见，令藏家信疑不定而无所适从，这就在客观上构成了一种收藏障碍。这种收藏障碍，几乎成了古玉收藏最严重的瓶颈，束缚着每一个古玉爱好和收藏者的行为。当然，因为利益关系而使鉴定意见随心所欲，或者指鹿为马把水搅浑，那是属于人品上的问题，自然又当别论了。总之，上述现状，既是我们不得不需要面对的现实，又是对我们是否有健全的心态摆脱困扰、提升眼力，从而在古玉收藏上有所收获的一个很好的考验。

丁峰先生是一位行事低调、不事张扬的艺术品收藏家。作为"信利古艺术馆"的创办人，他在中、高古陶瓷与铜杂类方面的收藏，都有不菲的成果。但是就我的接触而言，他的古代玉器方面的收藏，则给我留下了更为深刻的印象。长期以来，丁峰先生出于对中华民族辉煌的历史和文化的崇敬和热爱，倾注了巨大的热情，执著于古代艺术品的学习和收藏，以此充实自身的精神寄托。这种发自于内心的虔诚和追求，并由此生发出来的收藏动机，与时下盛世中那些混乱的收藏世态相比，更是显得难能可贵。我们常说，收藏的心态，是决定一个收藏家是否成功的很重要的因素。这种简单的道理中其实蕴含着非常复杂的内涵。面对一件藏品，对于一个具有一定素质的藏家来说，吸引他的应该不只是利好空间而是种种历史文化意蕴和耐人寻味的美感。这种观念，在丁峰先生的收藏成果中能得到更好的诠释。而长期以来对中国古代玉器的文化美学和品鉴方法深得要领并颇有见地的李惠新先生，在与丁峰先生对藏品品赏及收藏心得切磋的过程中，以简明扼要的手法，归纳出了具有鲜明文化风格的鉴赏体会和辨识经验，从而催生了《佩玉将将》一书的出版，这不能不说是一件极有意义的好事。可以看出两位先生对于中国古代玉器的理解和以此达成的默契，具有非同一般的境界。

经常听到有不少的玉器收藏爱好者，尤其是古代玉器收藏爱好者，抱怨因为现在收藏时势的混乱，入道的门槛太高了，找不到北。这不错。因为古代玉器的收藏，其实也是一门十分高深的学问，这其中不单有相关专业知识，还有自然科学和人文社会科学以及思维方法、个人天赋等诸多方面的学问，缺了哪一门，都可能会走弯路。更为重要的是，古代玉器的稀有性和不可再生产性决定了它的难于涉足。但是，话要反过来说，任何事情，门槛再高也总是有逾越的途径。这一点，我想从《佩玉将将》一书作者曾经走过的一段历程中有值得我们引以为鉴的地方。收藏古玉，大致上都有一个从爱好到困惑到学习再到有所收获这样的一个过程，在这个过程中，我们可能会遇到各种各样的问题和迷茫，这就需要我们随时具备一种淡定的态度和清醒的头脑，也即要有一个健康的心态和信念：既沉得住气，情志不为利益所左右，又要耐得住寂寞，经得起是非和失败的考验。其次，要有足够虔诚和谦逊的态度努力学习，向书本学，向同行学，向博物馆实物学，在学习中丰富知识，充实信息，从而不断调整自己的收藏方向。再次，要善于总结，既在总结中汲取经验，也要有敢于否定自己的勇气。看到不少的收藏爱好者，要么就是因缺少自信而对事物没有主见，因此常常把对藏品是非的认识寄托在别人的认可之上；要么因过于自负而不大愿意接受旁人正确的意见，自高自大，殊不知这都是影响我们收藏的进步和成功的要害所在。学无止境，这是一种最基本的常识。只有自己有足够的知识本钱和实践经验，才有可能为自己的收藏找到一条大致正确的道路。这些看似老生常谈的道理，其实也并不是每一个人都能去认真领悟并努力实行的。十多年来，《佩玉将将》一书的作者，从对历史文化的兴趣，转入到对古玉的痴迷，尔后有困惑也有收获，有失败也有成功，这个过程，就是包含着那些老生常谈的道理。如果真要说有什么捷径的话，那么，我们从本书作者经历的那个过程中，以及这本总结了其十多年学习心血和收藏成果的《佩玉将将》的集子里，也许能感悟到一二。

盛世年头，希望本书的出版，能对国人认识古玉及古玉文化的宣传和普及，起到一点有益的作用。也希望璀璨瑰丽的华夏古玉，能在我们的社会生活中越来越成为品质的标志和文化的亮点！

是为序。

張廣文

2010年11月6日. 于北京.

话说君子之风

——代自序

所有爱玉的人，几乎都会知道那句流传了两千多年的名言：“君子无故，玉不去身”，并且也确实认为，一个儒雅谦恭的“君子”，不管是古代还是当代，都是很体面很风光并且值得人敬重和仿效的对象。因此，也不能说是附庸风雅——颈项或腰间或手里捉摸着玉佩，心里向往着君子的行状，就这么摸来玩去的，也不失为人生的一种得意。

我们觉得人活在世上，向往高贵优雅而不是混迹于低俗，那是一件很好的事情。这与有没有金钱地位和权势等等无关，而且也与职业、资历、年龄等等同样无干。玉本身就是世间雅物，不管挂在谁的腰间或哪个颈项里都能呈现出它的美丽。但拥有它的那些主人，却确实有着千差万别的区分——当然主要是品性上的区分。

玉与人一样，都是有活的灵性的——这话也许很多人都懂得但很少有人去这样领会。一件玉在手里把玩，你的兴奋点在哪里，这很能说明问题。在它的温良悦目的外表之下，更多地去领略它的厚重的内涵，那样，才不至于因为拥有了一件美玉反而变得浅薄。

常常看到有的朋友，为了一件玉器的真赝优劣，个个的强词夺理，最终弄得脸红脖子粗而不欢而散，就感到非常不解。我们认为品玉论玉最好的氛围，是三五好友，挑一个悠闲而无干扰的时间，选宁静的茶室或酒店，沏一杯清茶或温半壶黄酒，头上有明灯照射，耳际有绕梁轻音，手头有史料和实物，然后心怀虔诚，将心爱之物互相传递，切磋品鉴。然后畅所欲言，但必平心静气，知一说一，知二说二；不违心，不敷衍；不人云亦云，不阿谀奉承；亦无贵贱高下之分，老少咸宜，百无禁忌。如果在世间，很难找到一个如此宽松自在的境地的话，那么在这里，营造一个充分平等自由的氛围，不必让自己的精神重陷于世事纷扰的囹圄之中——红尘之外，为快乐计，为享受计，何乐而不为?!

因此，若是为一件玉器的是非优劣而争败了兴，本身就很无聊很愚蠢。对事物的看法，是一个人文化内涵或认知水平的体现。这里，只有尺度之别，但没有高下之分；而对事物的态度，则是一个人精神境界和人格涵养的反映。这里却有高低之分，而不存在尺度的区别。人与事物之间，既是孤立的，又是有联系的。从这个视角来看，对于任何事情，我们允许每个人都可以有自己的态度，但不应有自我膨胀和"以物喜、以物悲"的情志。

那么，有一些品格，是不是需要我们去倡导和弘扬呢——

比如说，谦逊。可以说，在任何一个领域里，谦逊的品格不但是你取得进步的一个重要前提，而且更是你人生得以充实和完美的一个不可缺少的重要品德。玩玉也是如此。不事张扬，平心静气，尊重他人，谦虚谨慎，等等，凡是可以坐下来面对面对话或平等交流的地方，具备这样的德性应该同样视为是一种做人的底气。只是现在的玉界，因了乱世氤氲之气的浸染，同样浮躁得厉害。大大小小的圈子里，到处都能看到好自为师者，在指点江山、激扬文字，却偏偏缺少虚心的学子。大致上因为有了点滴的心得或体会，会膨胀到一副恃才傲物的程度，自以为是到极点了而对一切都不屑一顾，就很不足取。常见有的朋友手里盘摸着混沌古怪的一件"古玉"，语气却大得让人咂舌，不免滑稽。这样的心性，不管做什么，是学不到真知，也得不到进步的。玉器本无生命，但却在把玩之间，活脱脱折射出了你的方寸，此种效应，则断不能等闲视之。

比如说，雅量。一件玉器，因为喜爱，所以在孤芳自赏之余，免不了要向世人展示，当然也就免不了得到不同的评价，智者见智，仁者见仁，能听听各种不同意见，这有什么不好？而偏要表现得心气孤傲、听不得半点不是，实在是既败坏了心情也败坏了身价的事，得不偿失！实际上有许多时候，别人的意见，只是为了表达自己的认知，也可能是一种善意的提醒，出于对同等事物的爱好，完全是非常正常的人际交往形式，如果你懂得积累知识财富，那么多倾听并思考吸收别人的意见，只能会让自己从中获益而绝不会损失掉什么。当然，即便是无稽之谈，你也大可以付之以一笑，不必严肃到非要一论高下的地步，因为在不同的立场和层面上，必然会有不同的观念。好了又怎样？坏了又怎样？是非曲直，也不是七嘴八舌所能了断的，何以眼中不能容半点沙尘？大多数人在这个社会中，活得很累，又感到烦恼太多了，那是因为他们在大多数情况下，缺少的恰恰就是这种容得了别人说三道四的雅量。

比如说，平和。凡事能做到宠辱不惊，同样是一种姿态。平和的心气，非但让你心境恬静，而且对你的健康也大有裨益。毋庸置疑，不少的玉友在收藏过程中，都有过一段坎坷的经历和不愉快的回忆，有的甚至忍受了劳心伤财与走投无路的痛苦。当然，之后便有豁然开朗而渐入佳境的快活。而这些，正是考验你心性和定力的极好机会。不以物喜，不以己悲，那种完全超然于物外的心态，才是我们品鉴美玉的最高境界。常常看到那些因得玉或失玉而表现得张扬显摆、自以为是或肝火旺盛、气急败坏的朋友，觉得未免幼稚可笑了点。如果不是主要立足于陶冶性情和精神上的寄托，那么玩玉玩到最后，必定万事皆空，最终留下的，也定然是一肚皮的遗憾。

又比如说，好学与多思。我们说过玉是可以当书来读的。但要把玉这本书读好，是需要借助于玉之外更多的知识。尽管这个时代读书的氛围甚差，也很少有人已经把读书一事作为自己一种重要的业余生活了，可我们还是要说，要把玉玩好，书还是要读的，而且必须要认真读好。不读一点历史，你不会知道一件玉器的内涵；不读一点美学，你不会欣赏一件玉器的精妙。除此外你还得读读哲学、社会科学或者一些最基本的自然科学，不然会影响你品鉴美玉的思维方式和自然常识。当然你还得读一点考古、传统工艺学、雕塑或者艺术设计学，那样会在潜移默化中增加你知识的营养。还有包括美术、摄影、语言文字等等，总之，如果你尽可能地在玉器之外读到很多的书，又经过了思考和吸收，那么再去读玉，自然便等于是走了一条捷径，不知不觉中会有驾轻就熟的感觉。而所有的书籍，最重要的那本，就是陈列在各个博物馆里的那些真品——那些百读不厌的艺术瑰宝，更是引导你入路帮助你提升的最好师长！

诸如此类，归结到一点，爱玉品玉，怎一个“玩”字了得?品赏之间，学一点君子风度，岂不更好? 当然，这只是一种譬喻，说的是提倡一种境界，如此而已。其实君子不君子的，倒也无关乎大雅，说多了也不乏俗味。我们只是说，在这个世间，所谓“夏后氏之璜”、“随侯之珠”、“垂棘之璧”之类的珠玉珍宝，任何一个达官贵人当然都有可能将其占有，但真正有资格能够领略其美丽并且与其共享辉煌的，一定还是那些温文尔雅或温良恭俭让的君子们。

因此想到了书名：佩玉将将。也便想到了古时君子们的行为举止。有诗曰：

有女同车，颜如舜华。将翱将翔，佩玉琼琚。彼美孟姜，洵美且都。
有女同行，颜如舜英。将翱将翔，佩玉将将。彼美孟姜，德音不忘。

相信那车、那女子、那佩玉、那一路上玉佩叮当的情景，都会给我们带来无限美好的遐想……

2011 年 1 月 15 日

图【000-A】 玉璋 夏代－商代早期 482x53x5mm

性状：玉质不明。长条扁平状。上端呈斜刃，下端两侧饰多齿状扉棱。通体为土黄色沁痕。器型大气、古朴、规正。

佩 玉 将 将

玉人面、兽面与王者之气

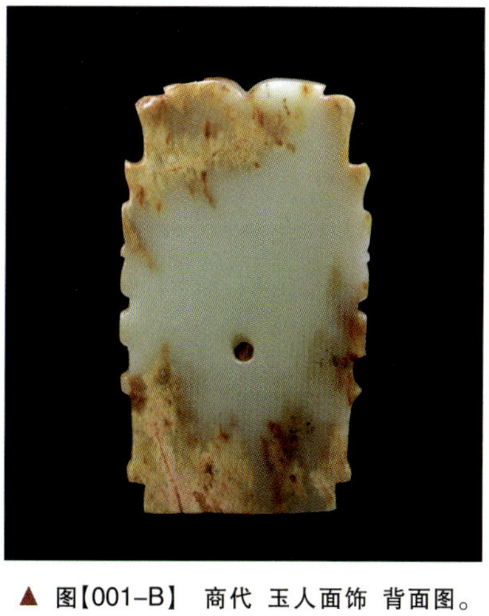

▲ 图【001-B】 商代 玉人面饰 背面图。

▲ 图【001-C】 商代 玉人面饰 局部图。

在上古蛮荒时代，弱食强肉是普遍的生存法则。人类进入到氏族社会，生命意识有了更大的觉醒，由此，那些强大、彪悍、骁勇、威武的男性开始在父系社会中成为人们崇尚的英雄。他们被视为氏族的领袖和保护神，因为只有他们，才可能与同样是强大凶猛并且有可能威胁人类生存的种种物种匹敌，从而给他们带来平安和安宁。

在古代史书的一些记载中，我们常看到对于一些远古氏族领袖或世间恶物的描写，在形体上大都具有如上所述的一些特征。三国时吴国人徐整在《五运历年纪》一书中，将开天辟地的盘古就描绘成一个 “气成风云，声为雷霆”的擎天撼地的巨人。现代历史学家顾颉刚先生就认为，“帝王既是天帝感生，自当有许多特别的相貌，为常人所不能有的。”他列举了史书中对帝王的描写，莫不

图【001-A】 玉人面饰 商代早期 101x57x6mm

性状：淡黄色玉。片状，单面浮雕。以高浮雕琢刻鼻梁、浅浮雕琢刻脸部，神色威严，表情肃穆。

一个个都生得威严怪异。如“神农长八尺有七寸，宏身而牛头，龙颜而大唇，怀成钤，戴玉理。”“禹……虎鼻河目，骈齿鸟喙……”“伏羲虎鼻山准”，等等。而后人也有不少引以为证的探讨，如著名自然科学家郭郛先生就在他的《山海经注证》中，考证了中国先民在与凶猛动物既搏斗并征服它们又以这些凶猛动物为图腾、标贴、族名的史实，说明了那种人兽之间共生共存的形态比较符合蛮荒时代的场景和信仰。

由此我们联想到，古代玉器中的一些兽面、人面或人形玉器，其初始的创造动机是否想通过那些被夸张神化了的强者形象，来实现人类自身安全和震慑敌人的双重愿望？不过，不管出于何种动机，早期出土玉器中那些众多的兽面、人面玉器中，无论是形制还是纹饰，力显其庄重、威严而又肃穆神秘的气韵，是先民所要追求的必然效果。现实中的强者和心灵中的祖神，便是这种形象的起源。

这是我们在辨识这类器型

▲ 图【001-D】 器型参考图例之一：石家河文化，玉人面佩，湖北省天门市石家河遗址出土。

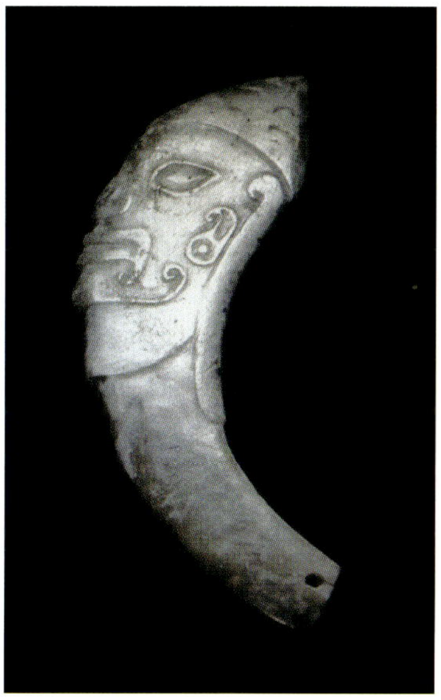

▲ 图【001-E】 器型参考图例之二：石家河文化，玉人形饰A面，湖北省天门市石家河遗址出土。

▲ 图【001-F】 器型参考图例之三：石家河文化，玉人形饰B面，湖北省天门市石家河遗址出土。

▲ 图【001-G】 商代，玉兽面纹佩拓片，46×38×5mm。

的玉器大致上所要掌握的要义。

新石器时期晚期，这种兽面、人面或玉人的玉器题材开始在一定范围内广泛流行。这类玉器，它们基本的形态追求一种严肃庄重的视觉效应，而不像其他如鸟兽类肖生玉器那样，以生动活泼、动静逼真的形象来取胜。它其实要的是一种神气——一种王者之气的精神，而不仅仅是一个形象符号。在良渚文化时期的玉琮上，那种以边缘四角棱线为轴心、两边分饰眉目的人面纹，形成了该时期这一器型的特定装饰。浙江反山出土的玉琮中槽上所刻画的神人兽面纹神徽更是体现了无穷的图腾神秘性和力量造型。安徽凌家滩出土的玉人，在对巫神的塑造上更具有写实的意义。它的肢体语言与面部表情，不能不让人有种敬而畏之的感觉。稍后时期，山东滕州出土的龙山文化青玉质人面纹玉佩，神秘中已经增添了更多的写实精神。这种风格，在美国芝加哥艺术馆的一件青玉质人面佩身上，同样得到了大致一致的体现，它对商周出现的较多的人面形玉器，产生了一定的影响。而在湖北天门石家河遗址出土的文物中，其中有不少兽面纹玉器，已经完全具备了夏商及其后更

▲ 图【002-B】 商代，玉人首形佩背面图

▲ 图【002-C】 器型参考图例之一：商代，玉兽面饰，河南省安阳市殷墟出土

▲ 图【002-D】 器型参考图例之二：商代晚期，青铜人面，四川广汉三星堆出土。

图【002-A】 玉人首形佩 商代 41×31×17mm

性状：白玉。圆雕。高浮雕与阴线刻并用。鼻部凸出，形容夸张。

▲ 图【003-B】 商代-西周，玉人首形佩拓片。

▲ 图【003-C】 商代-西周，玉人首形佩背面图。

▲ 图【003-D】 器型参考图例：新石器晚期——商早期，玉人面饰，美国芝加哥艺术馆馆藏玉器。

长一段时期兽面纹造型的雏形，它对于后世的兽面纹雕琢和刻画，同样具有广泛和深远的影响，乃至我们在春秋战国和汉代玉器的造型和纹饰中，如铺兽和一些片状兽面纹佩饰等等，依然可以感觉到它们所留下的影子。

图 1 的人面纹玉饰，可能会让我们联想到石家河文化工艺风格的玉器。这种玉饰，鼻、唇正中由下而上斜穿一孔，并采用单面减地阳线和高浮雕的手法，揣测是件装饰用玉器。而同样为单面雕琢，图 2 则写实的意味较为突出，虽然这种写实带有夸张的手法，但它对于神情的凸现，更显具象。如果从更为写实的角度看，图 3 几乎可视为商周时代雕塑的一种极致。无论从造型、五官雕琢与神态刻画，都很好体现了肃穆威严的祖神气韵。同样精致的是图 4 的青白玉质兽面纹玉佩，较之于上述人面形饰，在保持着一种依然不变的庄重狞厉的同时，工艺上的进步与琢制上的神化更为显著。不管怎样，这些凝聚着先民智慧结晶的艺术形象，无不倾注了他们对于那个年代那些被神化了的先祖先王和某种神灵的敬畏和崇敬。因此它们所能感染我们的，

图【003-A】 玉人首形佩 商代－西周 62×43×8mm

性状：白玉。浸红褐及淡黄色沁。片状。单面工。露齿。饰耳环。

◀ 图【004-B】 器型参考图例：商代，玉兽面形佩拓片，美国明尼阿波里美术馆藏中国古代玉器。

▶ 图【004-C】 商代，玉兽面形佩拓片。

正是那种震慑人心的狞厉气氛。

这样，对于一些无明确考古资料的兽面、人面形玉器，人们通常断代的大致范围为新石器时期晚期至西周，而夏商时期似乎更为流行。此类玉器在不同时期的表现，可能有所不同，但也不排除其中有着一定的流传或传承关系。相对来说，它的造型发展脉络，经历了从神化到写实再到美化这样一个创造过程。这也许符合先民从敬神开始，再把神拉回到现实并为现实服务，再怀抱着神圣与崇敬，美化着这些具有特殊显灵功能的先祖，精心雕琢，塑造出那些具有威严的王者之气，而又被奉为神明的祖灵形象的虔诚而又原始的创作初衷。

图【004-A】 玉兽面形佩 商代 36×33×6mm

性状：青白玉。片状。双阴线琢五官。角饰介字纹。表情肃穆。

佩　玉　将　将

商代玉虎的威猛之美

在商代晚期，虎是被引用得较多的一个玉器题材。这跟农耕游牧时期人们所处的生存状态有着比较密切的关系。虎的威猛昭示了一种气盖山林的力量，这与人所崇尚的勇武而力克万物的精神有所吻合，符合生存法则的需要。

因此，这一时期的玉虎，无论是片状的还是圆雕的，常常被刻画得威风凛凛。不管是动态还是静态的，只要能体现出这一物种的这种气概的细节，玉工通常都会竭尽雕琢之能事，极力去表达它们。图 6 是一件以红褐色玉石雕琢而成的圆雕玉虎。从姿态看，它应该属于在旷野中奔跃着行走的那种。但即便是这样，也没有失却它固有的威猛之气。这主要是从它张开的大口、竖立的双耳、平行跃动的四肢、上翘的尾巴以及结实饱满的肌肉等等方面加以精心刻画而予以表现的。背部的曲线同样表现出一种壮硕的力量。这里，无论是线条还是器型，“力量”的感觉也许是衡量这类玉器时代风格的一个重要因素。

图 7 的厚片状玉虎，是以应用概率较为广泛的闪石类青玉琢制而成。较之于图 6，尽管它在刻画手法上不施于过多的细节处理，剪裁也是简洁

图【005-A】 玉钺 商代 80×73×10mm

性状：青玉。厚片状。上部饰一攀爬之虎，中部钻圆孔，下端刃部相向内卷。

和明了许多，但在力度的表现上，却并不显得逊色。从它身子呈卧伏爬行的姿态看，玉工表现的或许是一件跃跃欲动的猛虎，它看似静立，实际上已经做好了随时行动的准备。它是警惕的，同时又是勇猛的，虽然许多肢体细节，大致上已被抽象化了，只用几条简洁有力的线条，勾勒出玉虎身体的各个部位，但那种健硕的骨架、蓄势待发的神态和咄咄逼人的气势，很有一种呼之欲出的效果。这件作品对于玉虎“力量”的塑造上，同样体现了很强的表现力。

▲ 图【006-B】 器型参考图例之一：商代晚期，玉虎，山东省滕州市前掌大墓地出土。

这两件商代晚期的玉虎，是通过繁与简的不同手法，来达到同一种表现效果的比较典型的范例。这个时期直到西周早期，虎形玉器的出现比较频繁，有圆雕也有长条状或片状的。由此我们看到，该时期对于这种动物的雕塑，在纹饰的处理上，有一些运用得比较普遍的手法：一、在圆雕件中，以减地浮雕的方法表现虎的背脊及腿部的肌肉与轮廓，如山东省滕州市前掌大村出土的青玉虎形佩；二、在片状或半圆雕状玉器中，双面常用以修饰各类动物的刀纹来表现虎的华丽和威风，如上海博物馆所展示的那件青玉虎形佩；三、在胸与背部，也有以水波纹来修饰，借以表现虎的肌肉与斑纹的，如中国社会科学院考

▲ 图【006-C】 器型参考图例之二：商代晚期，玉虎，选自人民美术出版社2003年版《中国古代玉器艺术》。

图【006-A】 玉虎　商代　95x35x14mm

性状：赤红色玉。圆雕。浮雕与阴刻并用。张口露齿，成行走状。

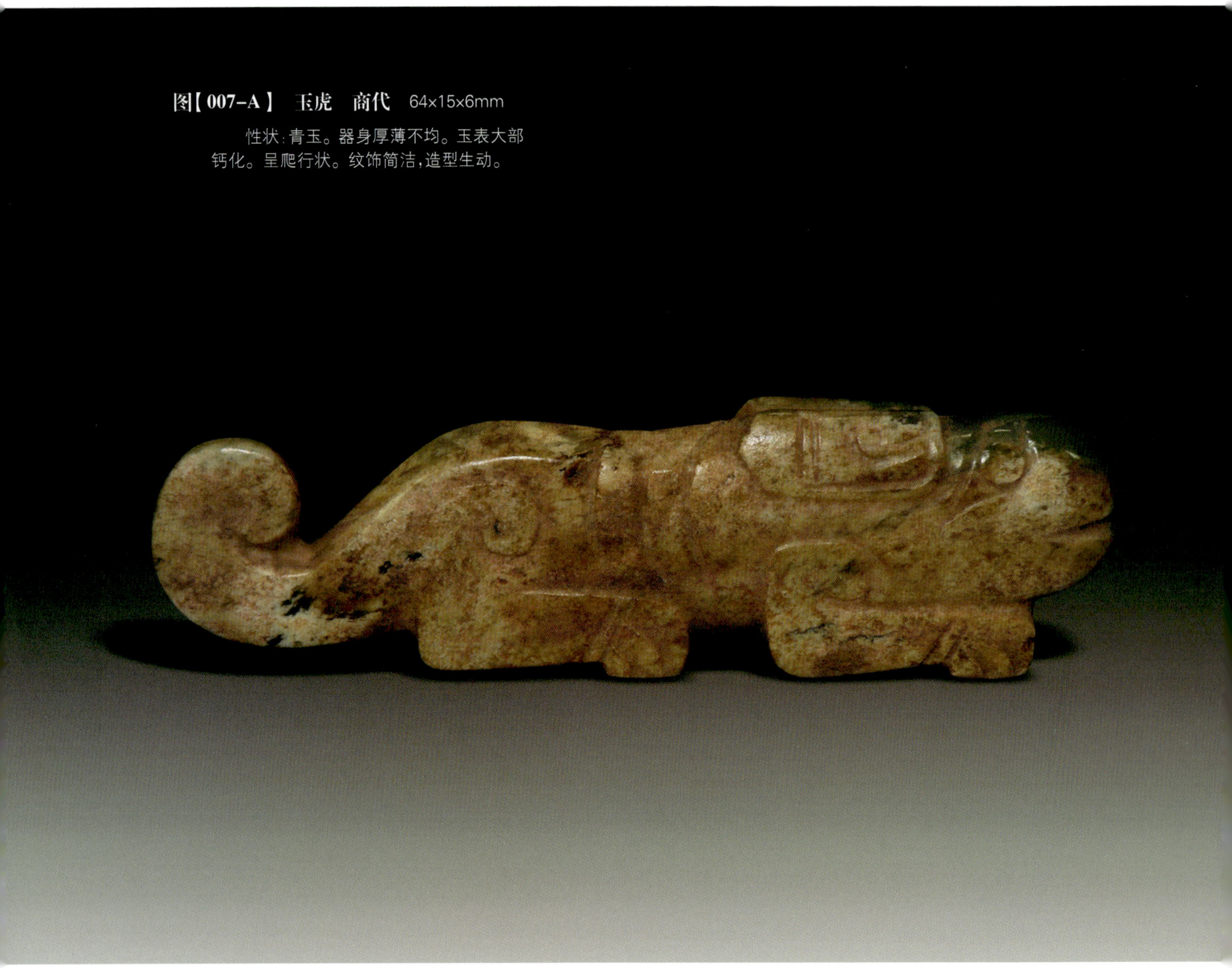

图【007-A】 玉虎 商代 64×15×6mm

性状：青玉。器身厚薄不均。玉表大部钙化。呈爬行状。纹饰简洁，造型生动。

古研究所所藏深褐色玉长尾虎；四、口以相连的双孔或星形作镂空处理，显示“龇牙咧嘴”的凶狠，如河南省安阳市妇好墓所出土的青玉圆雕虎形佩；五、尾尖通常偏于一边且上卷呈一小孔，供佩系；六、四肢并行，或前腿前伸。前肢的动作幅度，有时会显著大于后肢。等等。

我们欣赏商代晚期的玉虎，就会知道“虎虎有生”这种形容，大概是怎么一回事了。

佩　玉　将　将

商、周玉兔的形态特点

▲ 图【008–B】 商代，玉兔，背面图。

在中国历代玉器中，玉兔集中出现在晚商与西周之际。在其时，它应该有一种特定的意义——是为这种容易被驯化的动物的可爱所吸引，还是有一些社会或宗教方面的因素？今人可能尚未完全清楚。不过，春秋之后，玉兔确实非常鲜见。偶或出现，猜想其意义也与商周的并不一致。

商、周时期的玉兔，尤其是西周时期，大致上都以片状为多，圆雕的比较少见。而且，器型偏小。不像以牺牲来供奉祖先的玉牛，或使人产生威慑之感的龙、虎，可供人膜拜，在用料上可以不惜工本一些。由此可见，它的用途，以佩戴装饰为主。

图【008-A】 环形玉兔 商代 62×42×4mm

性状：青白玉。褐沁深重。环状。饰刀纹，双面满工。

▲ 图【008-C】 商代，环形玉兔拓片。

▲ 图【008-D】 器型参考图例之一：商代晚期，环形玉兔，美国哈佛大学温索浦藏玉。

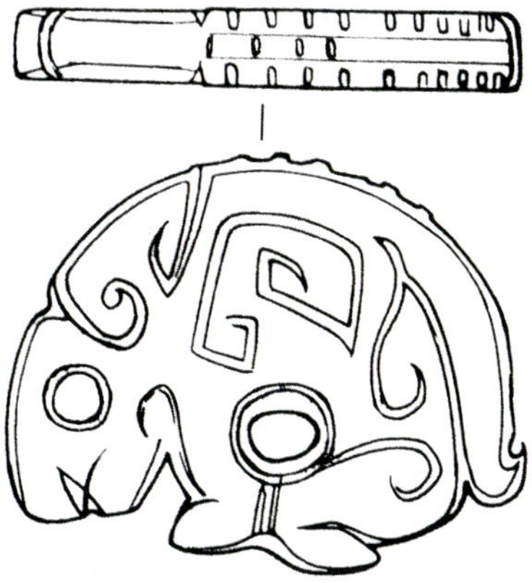

▲ 图【008-E】 器型参考图例之二：商代，玉兔（拓片），选自文物出版社2005年版《安阳殷墟出土玉器》。

这一时期的玉兔，如果要作简略的描述，那么可以用“灵动”两字来概括。也就是说，辨识商、周时期的玉器，除了一些基本的要素外，在形态上，以是否有灵气和动感来判别和确定。

但即便这样，晚商与西周的玉兔，除了灵气和动感之外，在形态的细节表现上，它们还是有着自身不同的特点的。

晚商的玉兔，以阴刻折铁线条装饰的较为多见。线条的纹饰，是双阴挤阳而呈立体感较强的刀纹，双面雕琢，两相映衬。有的背部出脊，形成一条有规律的扉棱。器型的塑造，有比较写实的，如图10，伏地觅食的姿态着实伶俐可爱。也有抽象的和经过了艺术夸张与美化的，如图8、图9。其中图8的环状形兔型玉佩，应该是商代特有的兔型玉器，之前与之后，都未见有这样的出土物供我们参考。图9的玉兔，正反两面出现明显的凹凸不平，应该不是玉工有意为之，而是突显了古代工艺的局限。长长的耳朵与耸起的后臀，都显示了某种夸张

▲ 图【009-B】 商代，玉兔拓片。

的成分。但经过了这样的一种艺术处理，灵动的感觉就会跃然于眼前。

相比之下，西周的玉兔，虽然在外表上未有商代晚期的那种华丽，因为西周的玉兔，往往在躯体上不事修饰，可在灵巧与动感上，也是具有自身鲜明的特点（见图 34）。这样我们能够看到的一些西周玉兔，它在形式上的特点大概是：一、以小型、片状、光素的偏多；二、大多为动态的，虽动感相似但姿态个个不一；三、商代晚期流行的那种以弧线形斜撤法勾勒躯体轮廓，以及以简略的短阴线上挑法刻画双爪的手法，在早期依然被普遍运用；四、双目的琢法较多以边缘减地手法琢成圆

▲ 图【009-C】 商代，玉兔，背面图。

▲ 图【009-D】 器型参考图例：商代，玉兔，选自哈佛大学温索浦藏玉。

图【009-A】 玉兔 商代 62×49×6mm

性状：淡黄色玉。片状，长耳，圆眼。正反凹凸不平。

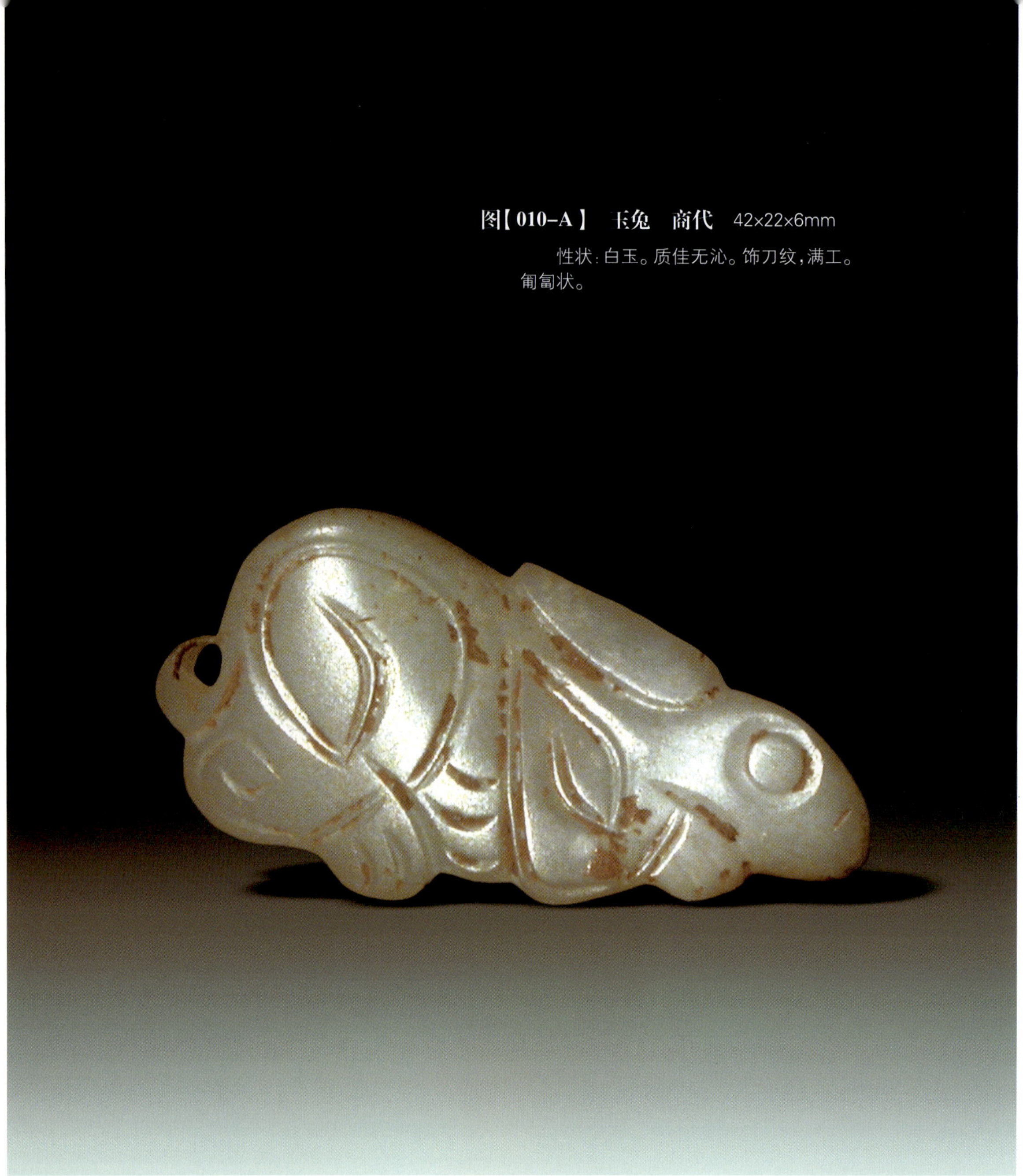

图【010-A】 玉兔 商代 42×22×6mm
性状：白玉。质佳无沁。饰刀纹，满工。匍匐状。

形。等等。

商、周的玉兔，是商、周时代的产物。可以看出，在器型上，玉工可以做到循规蹈矩，但在以“灵动”来构思并刻画这种可爱生灵的手法上，足见先人的智慧与艺术创造力，至今也可以认为是无与伦比的。

▲ 图【010-B】 器型参考图例：商代，玉兔（拓片）选自河北美术出版社 1999 年版《中国古代玉器图谱》。

图【011-A】 玉龙　商代 31×32×18mm

性状：青黄色玉。拱形条片状。上半身琢纹。臣字目，蘑菇状角，纹饰典型。

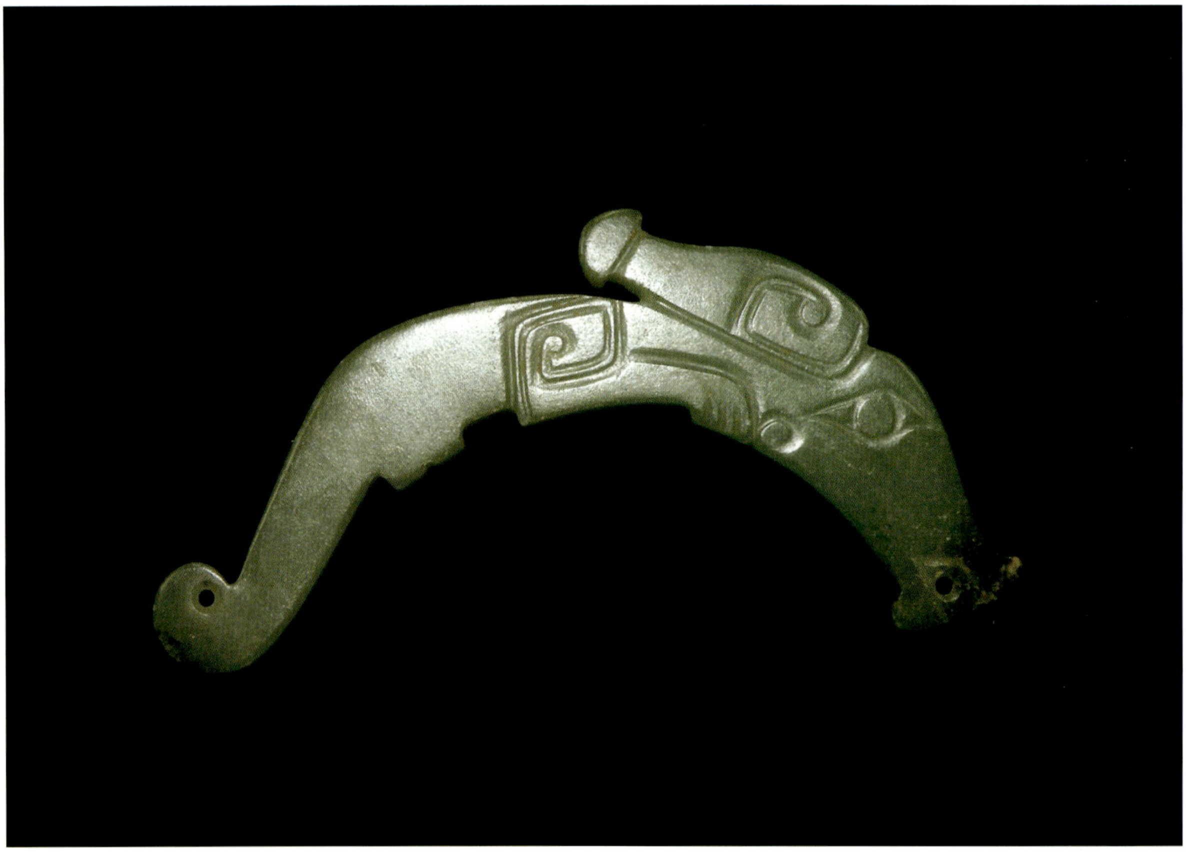

▲ 图【011-B】 商代，玉龙，背面图。

▲ 图【011-C】 器型参考图例之一：商代，玉龙，河南省安阳市殷墟出土。

▲ 图【011-D】 器型参考图例之二：商代，玉龙，山东省滕州市前掌大墓地出土。

佩　玉　将　将

商代玉龙折射先人丰富的想象力

龙与虎，自古以来就被人们崇拜为两种可以驱邪护身的图腾。但是我们知道，在现实生活中，虎是妇孺皆知的一种具象物种，而龙，则从来都杂糅了各种不同的生物并寄托着人们丰富的想象。在红山文化玉器中，那种呈 C 形环状，以及另外一种常常被人称为“玉猪龙”的动物，是否便是

▶ 图【012–B】 商代，玉龙。

◀ 图【012-C】 器型参考图例：商代，玉龙，选自上海科学技术出版社 2008 版《故宫博物院文物珍品大系(玉器)》。

古人思想中的龙呢？未必。它只是后人的一种所谓“说法”。因为在所有的肖生类玉器中，唯有这种器型，在现实中是找不着边际的。

不过，学者对于龙的起源及其原型的考证向来不少，蟒蛇说鲵说鳄鱼说等等莫衷一是。而不容置疑的一点便是，那是一种完全超出了人们的想象之外的被神化了的爬行动物。

正是由于这种物种的超然性和神秘性，才更能激发先人对它的顶礼膜拜和盲目追求。因此，以龙为表现主体的题材经久不息，至今仍是一种热门的创作元素。

而在西周之前，它的形态，则正处在萌生演变之不确定时期。这一题材真正的大量出现乃至几乎到了“泛滥”的地步，应该是在商代。但是那些姑且被称为龙的商代玉器，其器型与形态却是有着千奇百怪的变化，我们只能从或舒展或蜷缩着的貌似爬行类动物的特征来判断，方可约略确定那是一种叫做“龙”的物种。所以出现这样的情况，自然同样只能说明，龙这种动物在现实中尚未完全找到确定的指向，是先人们想象中的神灵。只是这种神灵，是以爬行类动物的形体为依据的，并且肯定与云水有密切的关系，因此它可能藏匿于苍天之上或深渊之中，让人无可触摸，而只能崇拜。这样，多姿多式的玉龙就自然而然地在那个繁荣的奴隶社会里大量出现了。以我们现在所能看到的出土报告及有关资料，商代玉龙的样

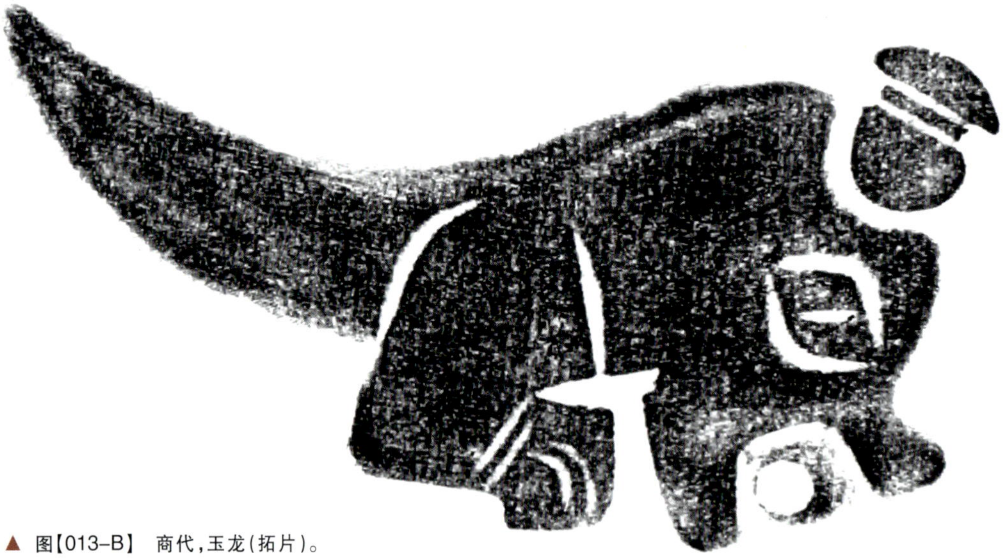

▲ 图【013-B】 商代，玉龙(拓片)。

式居然有十数种之多。就器型的变化而言，大略可以概括为——

其一，圆雕玉龙。此式玉龙有团身状，也有行走状。团身玉龙以安阳殷墟妇好墓中出土的那件最为著名。此式玉龙器型敦厚，以整块玉料随形雕琢，龙身盘缠一体呈不规则方块形。龙首硕大，龇牙咧嘴；蘑菇形柱状双耳；头颈部以下，遍体为菱形纹饰，华丽而饱满。背脊正中有齿状扉棱突出，成一凸起之棱线。这种器型的玉龙，威武、壮硕而富有气势，应为商代玉龙中的精绝之器，非帝王之墓室不可一遇。行走状玉龙，有的雕琢得似龙似兽。故宫博物院所藏的那件玉龙（见图 12-C），成扁圆形柱状。从形体上看，此式玉龙类似一爬行的玉

▲ 图【013-C】 器型参考图例：西周，龙形玉佩，选自文物出版社 2007 年版《张家坡西周玉器》。

▲ 图【013-D】 器型参考图例：商代，玉龙美国明尼阿波里美术馆藏中国古代玉器。

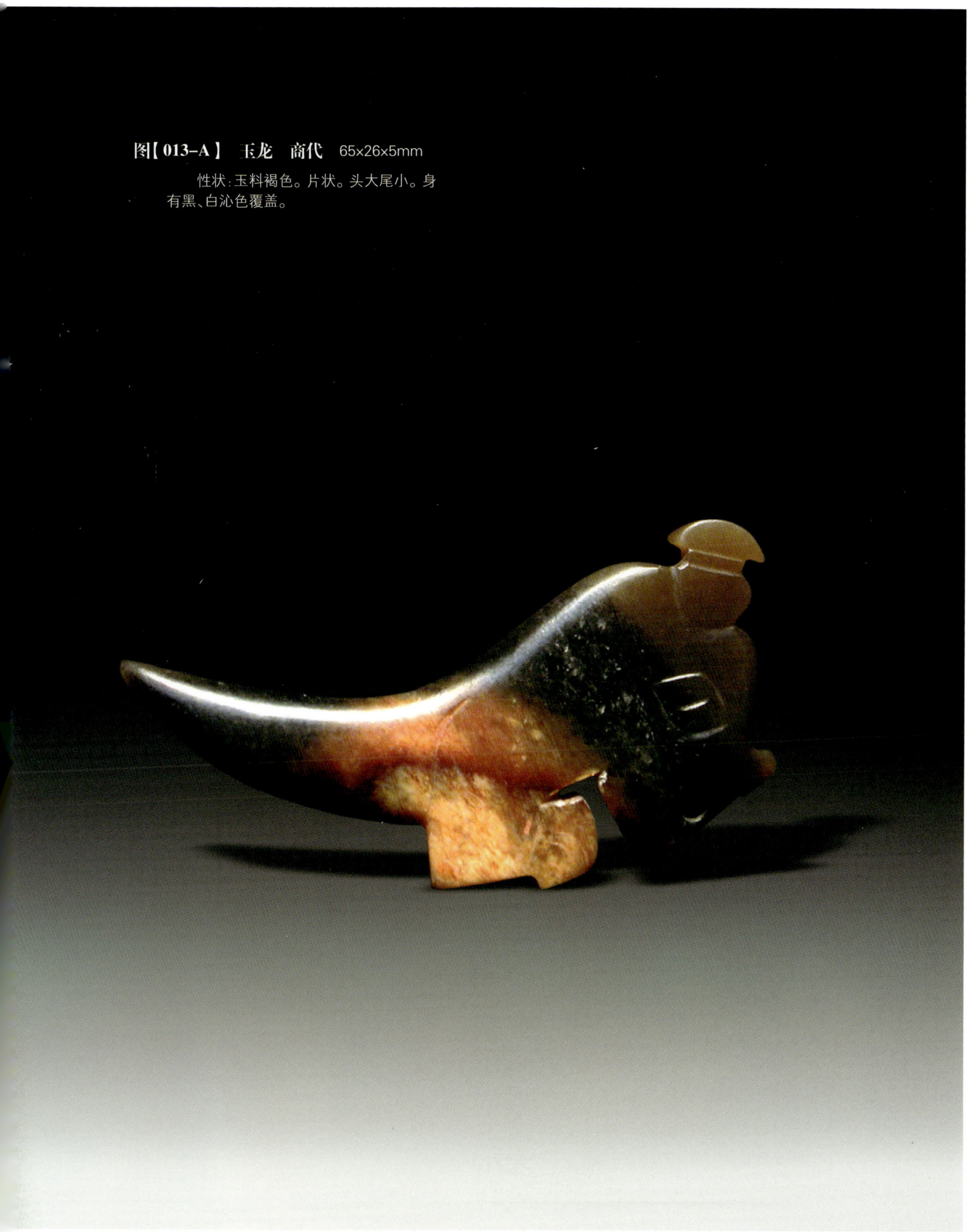

图【013-A】 玉龙 商代 65x26x5mm

性状:玉料褐色。片状。头大尾小。身有黑、白沁色覆盖。

兽，浑圆，有两爪，头尾交代清楚。而与一般的兽类动物有所区别的是，它依然具有一般爬行类动物的特征：体形修长，曲直自如，有的弓身伏地，有的蜷缩成团。从雕琢手法看，在塑造这类动物时，玉工比较侧重刻画的重点，一是头部，其次是身躯，而尾部的雕琢则稍稍显得程式化或简略了一点。在气韵的表现上，由于加强了玉龙身体主干部分的刻画，因此整体来看虽用刀简洁，但威猛的神态依然被刻画得活灵活现，也正因为为了这样的一种表达效果，使得有些这类玉龙的形状，也有出现看似头重尾轻的情况，这在今天看来似乎有点怪异，可与其时先人的审美习惯，也许并不违悖。

其二，半圆雕玉龙，卧伏卷尾爬行状。此式玉龙，同样是头与躯干连成一体。身微弓呈穹形。垂首与身体成一线，似为伏地爬行觅食，姿态安静。这种玉龙，在刻画上比较注重的是肢体与行状的协调与平衡，因此，它不是以气势制胜，而是以气度制胜。它呈现在我们面前的，是一种安详的美。我们从上海博物馆收藏的那件玉龙身上（见图 14–B），不妨领略一下这样的美感。

其三，片状玉龙。蘑菇形独角型。此式玉龙，有的整体形象类似一不等边三角形，以蜷缩的身躯为重心，然后头、尾、爪等部位分别进行简单刻画，呈弓身俯首状。其中以头部的特征较为鲜明，琢以蘑菇状冠，似一小

◀ 图【014–B】 器型参考图例：商代晚期，玉龙，上海博物馆藏品。

图【014-A】 玉龙 商代 43×21×5mm

性状：清青色玉。片状。张口，平等四边形眼。腿后曲前伸，显安静而敏锐。

伞撑在头顶。尾部微卷成一圆点。斜刀短暂，上挑为爪。此龙从外观看，似为雏形，因此稚拙可爱。

其四，环状玉龙，身饰刀纹或菱纹状。此式玉龙的雕琢大多精致华丽，可见一定是王家贵胄生前的赏玩佩饰之物。粗略地看其外形，可能跟西辽河流域出土的红山文化C形玉龙有些许的姻缘关系，但肯定有了更多的继承和发挥。其中臣字目与蘑菇形头，都是典型的商代风格，而满身繁缛而又极有规则的刀状或菱状纹饰，使此式玉龙在精美的程度上愈显极致。这样的器物，大致都用很好的玉料，闪石类之外的，便见得很少。并且在工艺上，也一丝不苟而少见粗糙。

其五，玦状玉龙，身饰刀纹或菱纹状。与上述环状玉龙一样，此式玉龙在用材选料、雕琢刻画及档次品位上，不分伯仲。不同的只是，此式头尾相交的玉龙，并不连成一体，而是于头、尾处留一缝隙，成为玦口，于是便成了具有别种意义的器型类别。这样的构思，应该同样肇始于新石器时代的玦型玉器，只是到了商代，这种玦型玉器经过了更加艺术化的加工和设计，变得更加美观和实用了。而它的用途，也与先前的玦型玉器有了区别，它可能更是一件兼具供人崇拜与赏玩的佩饰玉器。

其六，璜状玉龙，阴刻刀纹装饰。圆弧状带纹饰的玉璜，从西周开始出

◀ 图【014-C】 器型参考图例：商代，玉龙，美国大都会博物馆藏。

图【015-A】 玉龙 商代 62×55×5mm

性状：白玉。质白温润。刀纹，臣字目。蘑菇形角。回首，卷尾。

◀ 图【015-B】 器型参考图例：商代，玉龙，河南省安阳市殷墟出土。

现得非常频繁。而在商代晚期，一种双面琢有龙形的玉璜，也能常见。此式玉龙，它主要的不是作为一种器型出现，而是作为一种纹饰出现，比较流行。并且在其躯体两侧，都用线条流畅的刀纹来装饰。这是龙在被先人作为图腾崇拜以后常常选用的重要题材。此式玉龙纹饰，玉工要追求的是装饰效果，而非动感实体。因此器型的内涵、纹饰的规范与线条的修美，可能是我们在鉴赏时所要重点掌握的要素。

其七，刻刀状玉龙。与璜状玉龙不同的是，此式玉龙不以装饰为要，而以实用为重，这就决定了它的形状，显得简略而质朴。玉龙状刻刀是可供随身携带的削割工具，因此它的头、尾、身常被雕成一条片状直线。其中造型雕刻主要侧重于头部，昂首张口，眉目清楚，嘴部以桯钻圆孔作系挂用。而尾部，则一律的磨成斜刃状，并且刀口锋利，可以认为是一种应用比较广泛的贴身工具。当然，这样的工具，非一般概念中的劳作之物。它能够实用，但更可能是当时一种身

▲ 图【016-B】 器型参考图例：商代，玉龙，现藏上海博物馆。

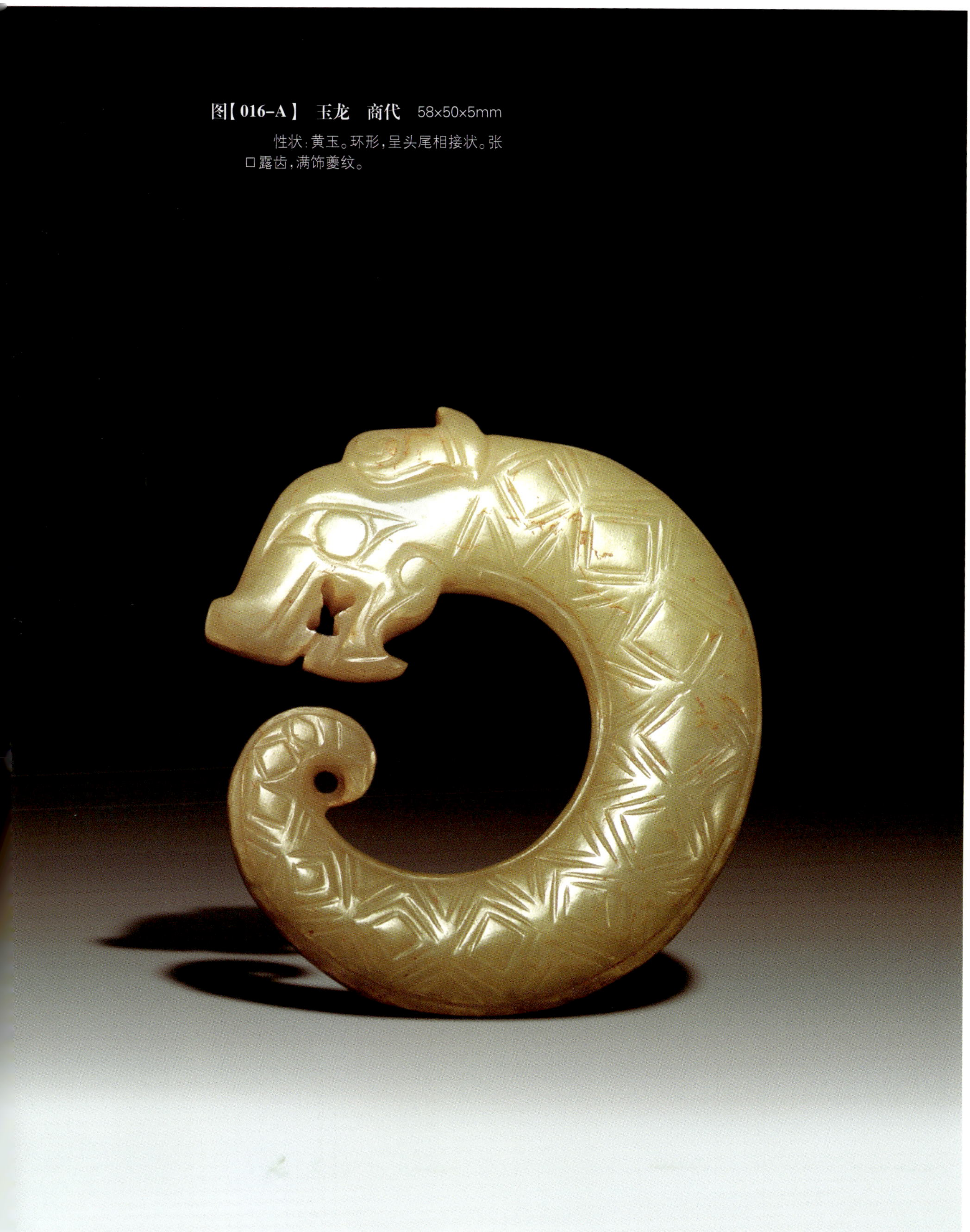

图【016-A】 玉龙 商代 58×50×5mm

性状：黄玉。环形，呈头尾相接状。张口露齿，满饰夔纹。

◀ 图【016-C】 商代，玉龙拓片。

份和地位的象征。

其八，与人、鸟合体状玉龙。此式玉龙圆雕或片状，附身于人或凤而呈合体状。它的内涵，应该具备了神灵的意义。所以这种人、龙或人、鸟合体形玉器的出现，猜想是在礼器范畴内的产物。这里，要么是龙被拟人化了——它可以与人共为一体，自然能赋予人无上的神力；要么被理想化了——它可以与鸟合成一体，使神奇与神秘巧妙地结合在一起。这样的一种构思，除了让我们看出其时祖先超人的想象力之外，对于龙这种千百年来被顶礼膜拜而经久不息的类神载体，会有更深的解读和认识。

玉龙的艺术形态，在商代也许还有更多种类别。先人所以不厌其烦、极富创造性地来塑造并精心刻画这类千变万化的精灵，足以说明今人乐于将自己标榜为“龙的传人”，自然有着十足的底气和深厚的历史根源。

佩　玉　将　将

千姿百态的殷商玉鸟

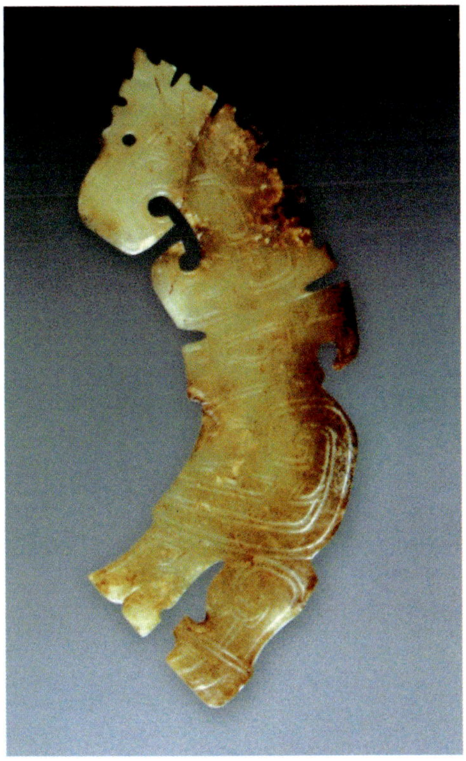

▲ 图【017-B】 器型参考图例：商代晚期，玉鹦鹉，现藏中国国家博物馆。

先民对于鸟的崇拜，可以追溯到遥远的古代，我们在7000年前的河姆渡文化中，就已经看到端倪。尔后，随着人类征服自然能力的提高和人的地位的上升，原始先民逐渐由对这种生灵的图腾崇拜，转向祖灵崇拜。在以江浙太湖流域为中心的良渚文化玉器及以北方西辽河流域一带的红山文化中，也每每看到有鸟的器型或纹饰出现。

而以鸟为主题的中国古代艺术品的大量出现，则是在以山东为中心的东部地区，也即东夷文化中可以显见。其时，对鸟的崇拜似乎已经被融进了社会政治生活中的一部分。在东夷人的原始宗教观念中，最引人关注的就是鸟崇拜的兴盛与发达。东夷族的众多部落都认为自己的氏族源出于鸟，习惯以鸟名作为本族的标志和称号，并长期将鸟类作为本部落的图腾。较早自北辛文化起，到大汶口、龙山文化都发现有以鸟为题材的艺术品。山东兖州王因大汶口文化遗址中曾发现有一件泥质灰陶的鸟头形泥塑。广饶五村大汶口文化遗址，在一件褐色陶片上面发现用赭彩画有两只鸟纹，似在空中飞翔，形象逼真生动，栩栩如生。再如山东日照县两城镇出土的龙山文化玉石圭，以及故宫博物院所藏的龙山文化玉鹰攫人首佩等等，其史料例证不胜枚举。

但是在玉器雕塑中，鸟题材的滥觞则是在商代时期。那是因为，商人坚信鸟是上天派下的使者，它不但赋予了先辈的生命，而且寄托了他们全部的理想和愿望。因此，鸟作为一个敬天敬神敬祖先的重要题材，在商代始被不断地、反复地运用和塑造，成为古代玉器艺术中一道独特的风景线。

从这样的观照出发，我们来体味商代尤其是商代晚期的鸟形玉器的雕塑，就不难理解，为什么那个时期的玉鸟，虽姿态各异却一个个都雕得生灵活现？答案只有一个，那就是那时的玉工，他们是倾注了对于天、神和祖先无比崇敬和热爱的心理，来完成自己手中的每一件与生命一样重要的艺术品的。

图 17 的鸟形玉佩，通常被叫做高冠鹦鹉玉佩。头戴高冠，尾与爪并列呈立状，显然，这是一件被拟人化了的玉鸟。在这里，由于鸟已经不是作为一种简单的动物出现的，而是作为一种图腾让人供奉，因此，对鸟的美化并作拟人化处理恰恰不单是一种艺术手法而已，而是其社会政治生活的需要。从社会大背景上看，这是我们必须将其断代为殷商时期玉鸟的一个重要依据。笔者由此认为，从玉器美学来看，任何哪个时代的玉鸟，

◀ 图【017-C】 商代，玉高冠鸟形佩拓片。

▲ 图【018-B】 器型参考图例：商代，玉鸟，原美国塞克勒博物馆藏。

图【017-A】 高冠鸟形佩 商代 75x18x4.5mm

性状：淡黄色玉。高冠。勾喙。双面黄红色沁轻重不一。

图【018-A】 玉鸟 商代 24x16x6mm

性状：白玉。质佳。微型雕塑。腹部一侧有白色水沁，另侧有浅褐色土沁。

图【019-A】 玉凤 商代 55x37x3mm

性状：褐色玉。片状。立地挺胸展翅，装饰华丽。尾部钙化有小残。

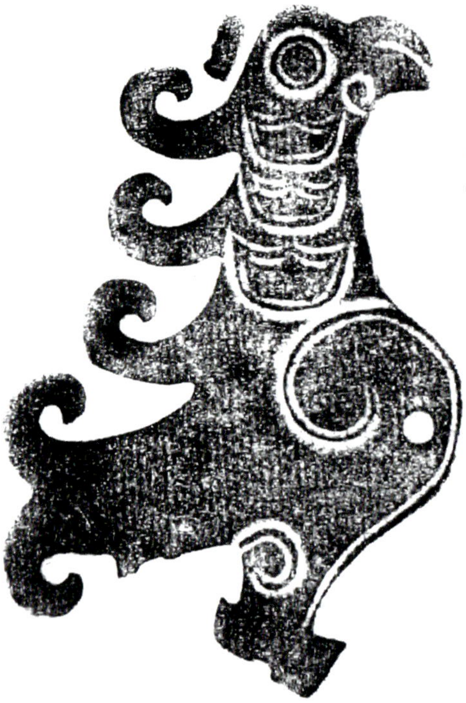

◀ 图【019-B】 商代，玉凤拓片。

在其神异与生动性上，唯有殷商时期的玉鸟，堪称精绝。图 18 是件微型圆雕的玉鸟，长仅二点四公分，以质地精良的白玉雕琢而成。这是一件十分精致优美的作品。鸟的形态，从容而安详。鸟呈落地站立状，顺溜的鸟首两面，分布着一对大而圆的眼睛，尖喙前伸，尾下垂，翅翼合拢而尽显静穆，看去虽小巧非凡却玲珑可爱。图 19 的玉鸟，则为片状，在造型上似乎更接近于凤、雉之类，挺胸展翼，挺拔动人。同样的静态，这件玉鸟所表现出来的“静美”，似乎更加充分和华丽。那是一只开屏的气宇轩昂的鸟。它伫立在那里，好像一个骄傲的公主，昂着高贵的头，翅翼如花朵般尽情绽放，以此来勇敢地、自信地向世人展示着自身的美丽……可以看出，殷商时期的那些玉鸟，不管是天上飞的或地上立的，也不管是圆雕的或片状的，更不管是庞大如鹰鹫或小巧如燕雀，都会被雕琢得千姿百态，生动传神。若要穷究其中的原因，如前所述，任何一件成功的艺术品的问世，都会凝聚着创作者生命的心血。一点也不夸张地说，作为一种微雕艺术，殷商的玉鸟，在动静处理、形神刻画和不拘一格的创造性构思上，完全达到了空前绝后的水平。

佩　玉　将　将

商代晚期肖生类玉雕的常见装饰艺术

商代玉器在中国古代玉器史上具有十分重要的地位。这主要表现在它不但对上自新石器时期、下至东周秦汉时期的玉器文化起到极其重要的承上启下作用，而且其数量、种类与使用功能上的革命性转变，都给历史留下了辉煌而深远的影响。虽然出土玉器的资料不能尽释存疑，但无论从文献记载或是考古实据，商代玉器的数量庞大，倒是一个基本可以肯定的事实。不能肯定的，只是人的认知程度。数量的庞大，必然在使用种类上同样有了拓展。按照传统的分类法，商代玉器在种类上包含了礼器、仪仗器、工具、用具、佩饰品、陈设器、殉葬器等七类。这是从使用功能上来区分。而如果要从题材上来区分的话，那么，肖生类玉器无疑是所有题材中引用得最为广泛的一种。

但凡以动物等生命体形象为题材的玉器，我们习惯上通常称之为肖生类玉器。商代的肖生类玉器，不但题材丰富，形式多样，并且在形象塑造和创作手法上，甚至常有惊人之作出现。这也便构成了商代肖生类玉器独特的魅力所在。而在商代肖生类玉器的纹饰刻画上，我们也显见此类玉器在装点帝王贵胄生活中作用有多重要。主人的宠爱，必定是在于喜爱它

图【020-A】 玉马 商代 61x33x10mm
性状：深褐色玉。圆雕。头前伸，呈立状。形态安详，比例恰当。

们的高贵华丽。而纹饰，则是体现这种高贵华丽的最好形式。

商代玉器中的纹饰，特别在晚期，也是纷繁多彩。这里我们以肖生类玉器中的动物形象为例，以体位来区分最常见的一些纹饰：

一、头部：

1.嘴。兽类的嘴部一般以一桯钻圆孔替代，但围绕圆孔通常有一长方形减地下凹的边框；有些威武的兽类，如龙、虎等，则也有以不规则的镂空星形代表张开的大口。禽鸟类的嘴通常都为勾喙，或嘴尖尖锐，而鸟首圆润，因此看去有如茨菇之新芽。

2.目。除了广为流行的臣字目外，常见的还有双圈眼、单圈眼、减地圆形眼、长方形眼、曰字形眼、斜方格眼等等。有些虫蛹类肖生玉器，会用减地高浮雕的方式，将眼珠从平地凸出，工艺复杂，但显得特有精神。

3.角。以独角或双角蘑菇形柱状表现的，似乎大多为龙型玉器。羊角弯曲疑似绵羊物种。而立体圆雕玉牛，其角以头部为中轴，圆弧状反向延

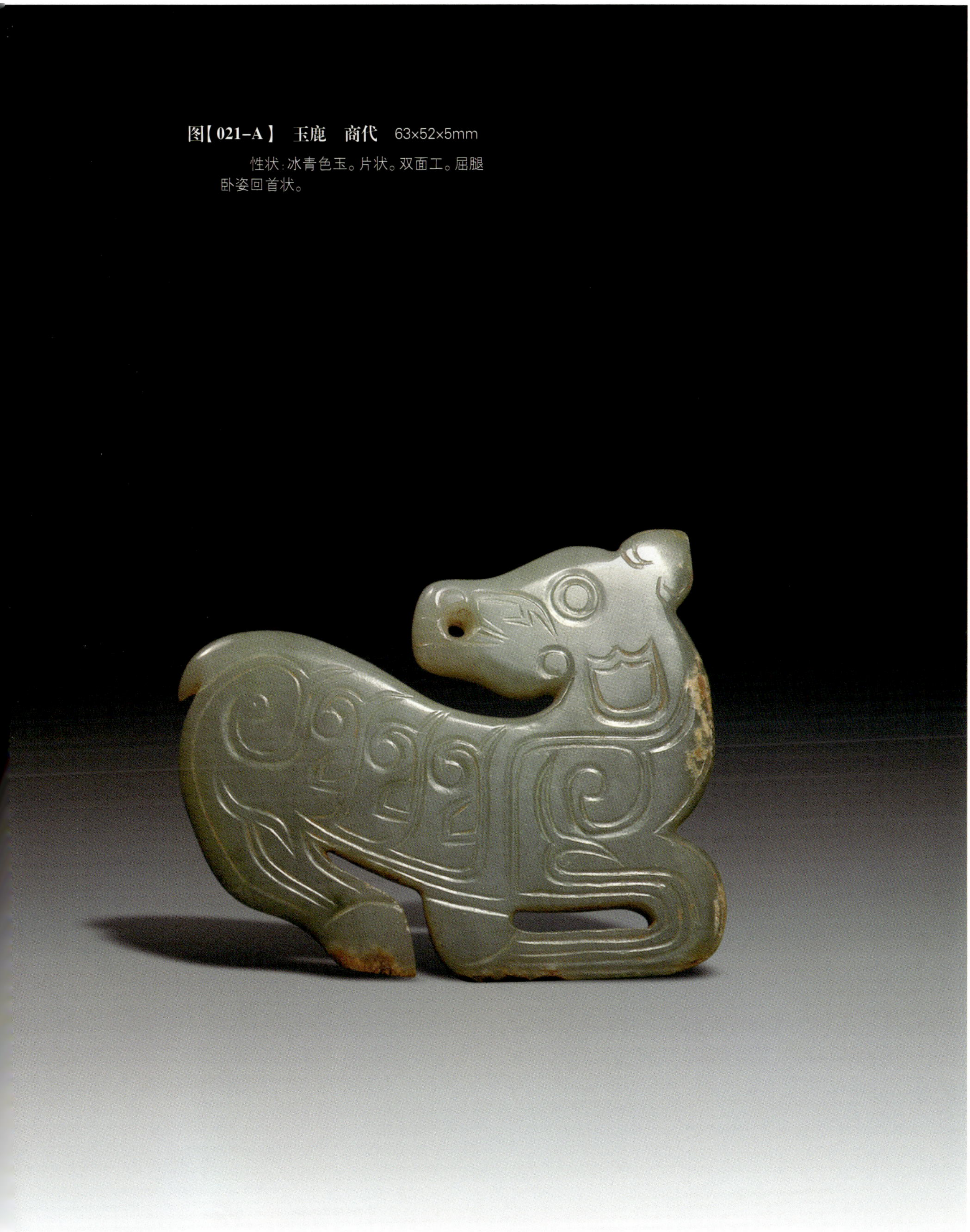

图【021-A】 玉鹿 商代 63×52×5mm

性状：冰青色玉。片状。双面工。屈腿卧姿回首状。

伸，形成括号形状。当然，也有些怪异物种，其角耷拉着如一对耳朵，看似不伦不类，实则也是定然有着表达的含意。

二、身部：

身部的纹饰常用阴刻线，早期硬朗，有力，世称折铁线，后期则流畅。装饰纹常为：刀纹；盾形纹；菱纹；水波纹；鳞纹；卷云纹；介字形纹等等。

三、腿部：

有些光素无纹的剪影式玉器，常以一气呵成的弧状撤刀法，勾勒腿部，简洁而明快。并自下而上挑出两条短捷的阴线，以作爪子。

四、尾部：

兽形如龙、虎等动物，尾部上卷如钩，尾端成一圆环，可供佩系。尾巴与身子并不完全成水平状，而是稍稍偏向一侧；也有的动物尾部尖翘，如锥。鸟尾也有不少以对称斜面琢成有如鱼尾的，并以简短平直之细阴线加以修饰。

五、器外出脊装饰：

常见的有形似对称的长城墙形出脊；锯齿状出脊；不规则镂空出脊等等。商代玉器的出脊装饰，常常作为美化玉器的辅助性装饰。而从这类玉器的功能考证，似

▲ 图【021-B】 商代，玉鹿背面图。

▲ 图【021-C】 商代，玉鹿拓片。

▲ 图【021-D】 器型参考图例：商代晚期，玉鹿，河南安阳殷墟出土。

图【022-A】 玉鹿 西周 79×32×6mm

性状：深褐色玉。片状。山字形角，短尾。作垂首跪蹲状，姿态安宁。

▲ 图【022-B】 器型参考图例：西周，玉鹿，河南省三门峡市上村岭虢国墓地出土。

乎认为此类器物的出脊装饰，通常都运用在当时比较重要的形制上，如璜型玉器、钺型玉器、鸟型玉器、人龙型玉器、鸟龙型玉器等等。

这些或简或繁的玉器纹饰，给我们鉴赏和辨识殷商时期的玉器提供了很好的美学例证。

佩 玉 将 将

谈谈西周咬尾龙

头尾相交的圆型玉器，最为著名的当为出土于内蒙古赤峰的红山文化C形龙玉佩。这种形态——龙首蛇身而尾端如虫蛹般撅成一团呈一圆环佩饰的玉器，其后一直影响了很长一段历史时期的玉器雕琢风格。在商代的玉器中，我们已经接触到不少此类头尾交接的器型，以龙为母题竭尽美化粉饰之能事，从而认识到商人对龙的崇拜和对这种圆环型佩饰器的钟爱，有着一定的渊源。到了西周时期，这种形制同样得到了继承和发展，因此，我们在许多这一时期的考古发掘报告中，可以看到作为佩饰类的环形、玦形或璧状咬尾龙玉器，一度比较流行，它的精巧多变的造型和精美华丽的纹饰内容，成为了该时期玉佩的一大特色。

图23、图25的玉龙，则是真正的“咬尾”模样。这两件玉器的共同点在于，头部都被极大地夸张了，竟占整个身子的三分之一，而在夸张了的头部正中，是一张张大了的嘴。嘴部的上唇上翘，下颚下卷——这会使我们联想到东周时期那些广泛应用于璧、璜、勒等等之类器物之上的那种装饰性龙纹的雏形。它们的形态，大致上都是以上翘的上唇和下卷的下颚组成一个张嘴的龙首，再在额头琢以一个圆形眼睛，就算是完成了龙的造

◀ 图【023-B】 西周，
玉咬尾龙佩拓片。

型。这两件龙型玉佩的身上，都以勾撤的手法，满饰盾纹或圆环纹，以衬托玉龙的华美，这样，两件玉器造型与纹饰的流畅，完全做到了水乳交融。所不同的是，图23那件玉龙，为白玉片状，质地缜密沁皮艳美，因此虽厚薄不均但更显随意朴拙。而图25的玉龙，尽管用材上也许不及前者，但在后期制作中的精细程度，以及被岁月浸染后由质变与钙化而呈现出来的色彩与面貌，则极具沧桑感和浓厚的古朴气息。从鉴赏角度来看，这是两种同一时代然略有不同风格的玉器，而它们给人们所带来的感受，却是有着异曲同工的效果。

▲ 图【023-C】 器型参考图例：西周，玉龙，
河南省三门峡市虢国墓地出土。

相比而言，图24的那件西周咬尾玉龙，头尾的咬噬与交接就显得有点勉强

图【023-A】 玉咬尾龙 西周 42×30×3mm

性状：白玉。片状，团身咬尾。双面饰重环纹。

图【024-A】 玉卷尾龙 西周 29×26×5mm

性状：白玉。片状。莹润。团身呈玦形。头部边缘沁重。

了。这不是玉工的错，而是玉工为满足王孙贵族的多样化审美和赏玩的需要而刻意为之。因为这样的佩饰，无论从形制、形态还是整体气度的创造上，都完全满足了那个时代玉龙造型的特点和要求：团身环绕、头重尾轻。若是再从工艺上考证，那种大刀阔斧般的斜撤减地手法，将龙之尖耳、椭圆形目、利爪及身躯，都一览无余地表现了出来，显得十分的酣畅明快和干净利索。这样的一件玉佩，由于头尾咬得不是十分吻合，因此在使用上，它可能类似于玦的功能。但不管怎样，它的形制，一定脱胎于咬尾龙的模样而又脱离了“咬尾”这一固定模式，自然也是一种创造性的构想。而更为重要的倒不仅仅是它的形制，它的气韵的灵巧、工艺的精湛，以及稚拙的内涵，也让我们不能不联想到遥远时光中那些萌动着的幼小而顽强的生命。

而在图 26 与图 27 这两件龙玉佩身上，让我们充分领略到西周玉工在玉器雕琢创造上，其丰富的想象力和新颖独特的构思艺术，是多么的美妙而神奇！一个环形玦状的龙，背负着一只玲

▲ 图【024-B】 西周，玉卷尾龙佩拓片。

▲ 图【024-C】 器型参考图例：西周，龙形玉佩，陕西省凤翔县刘淡村出土。

▲ 图【025-B】 器型参考图例：西周，龙形玉佩，陕西省宝鸡市竹园沟出土。

图【025-A】 玉咬尾龙 西周 48x42x5mm

性状：质地不明，沁重几近钙化。纹饰流畅。张口咬尾而呈环佩。

图【026-A】 玉鸟龙合体佩 西周 50×42×4mm

性状：白玉。龙身呈蚕形，弯曲成环，负鸟。器型华美奇异。

珑小巧的鸟，那种刚与柔的对立与统一、那种强大与弱小的反差，那种奇妙得与现实格格不入而又令人肃然神往的景象，以及那些蕴含在其中的深邃的历史文化内涵，都完全体现在图 26 这件创意崭新的古玉艺术品之中了。可以想见，用多种不同的艺术手法雕琢那些首尾一体的“咬尾”状玉龙，是我们欣赏西周玉器的一大看点。图 27 的那件玉龙，则又是一种大胆新颖的构思形式，它以艺术的手法，对龙首的形态作了极大的夸张处理：口大大地张开，长舌则从口中伸出，并且与上唇一样，被任意地拉长了以致于形成一段曲折和一个不规则的圆来。这段曲折和不规则的圆，分别分布在额的上方的龙身的中间，这样，上唇与龙角形成了一种平衡，卷舌正好充实了龙体中的一个空白，恰到好处地起到了装饰和美化的作用。与前图的那些咬尾龙相比，这样的处理，使玉龙的整体形象更饱满、造型更生动，而形制也更奇特，堪称是一种饶有妙趣的天作之合。

◀ 图【026-B】 西周，玉鸟龙合体佩拓片。

▲ 图【026-C】 西周，玉鸟龙合形佩局部。

▲ 图【026-D】 器型参考图例：西周，龙负鸟形佩，河南省虢国博物馆馆藏玉器。

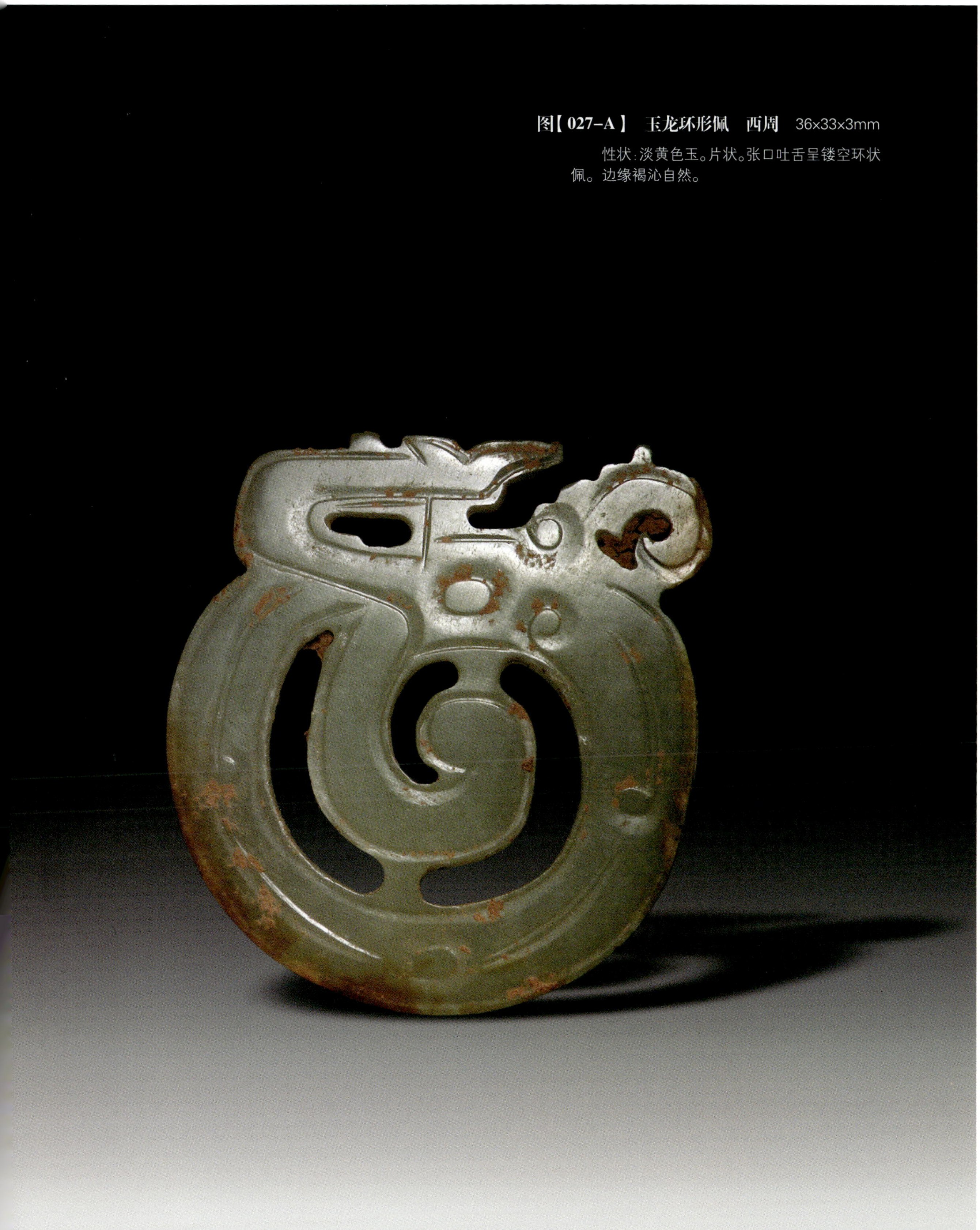

图【027-A】 玉龙环形佩 西周 36×33×3mm

性状：淡黄色玉。片状。张口吐舌呈镂空环状佩。边缘褐沁自然。

▶ 图【027-B】 西周，玉龙环形佩拓片。

▲ 图【027-C】 器型参考图例之一：西周，龙形玉佩，现藏北京故宫博物院。

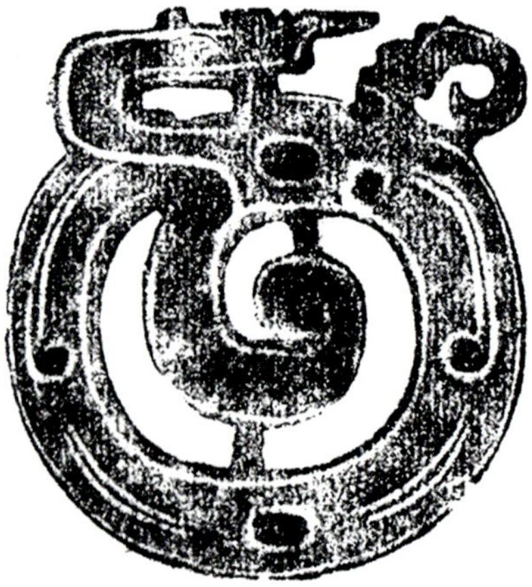

▲ 图【027-D】 器型参考图例之二：西周，龙形玉佩拓片，现藏北京故宫博物院。

佩 玉 将 将

模式化而又优美无比的西周凤鸟

我们都知道，玉鸟在商代盛行的缘由，来自于对自身生命的认识和虔诚的祖灵崇拜。但非常有趣的是，尽管其依据是那句流传了很久的“天命玄鸟、降而生商”，又据有人考证所谓“玄鸟”是燕子之类，但大量的事实证明，商人崇鸟，崇拜的是百鸟，燕雀、莺雁、鸬鹚，甚至鸵鸟等等，都有出现，而非仅仅局限于“玄鸟”一类。而到了西周，所有的鸟类都几乎飞走

▶ 图【028-B】 器型参考图例：西周，鸟形玉饰，选自文物出版社2007年版《张家坡西周玉器》。

◀ 图【028-C】 西周，玉凤纹璧拓片。

了，最后剩下的，基本上只有单一的类别——“凤鸟”，并且作为西周时期的常用纹饰，被反复地、不厌其烦地引用并普遍出现在各种玉器上，这不能不说是一种引人瞩目的现象了。

当然，据史料考证，原因可能出自“凤鸣岐山”的那个故事。西周对凤的崇尚有加，是因为凤与西周王朝的肇基和兴旺有着密切的关联。《国语·周语上》写到周朝兴起之时，有凤凰一类的鸟在陕西岐山上鸣叫的记载：“周之兴也，鸑鷟鸣于岐山。”其中的“鸑鷟”，许慎在《说文解字》中就解释为凤凰的一种。岐山由于有凤落于此，文王认为吉兆，便在西岐封台反朝歌，而故在此定都。《诗经·大雅·卷阿》便作出了这样的歌颂：“凤凰于飞，翙翙其羽，亦傅于天……凤凰鸣矣，于彼高冈。”由此看来，“凤鸣岐山”后来成了兴王道成帝业的瑞兆，西周时期因此将凤鸟视为神奇的吉祥生物，广为流行，也就不足为奇了。

而就艺术风格而言，与商代的纭纭众众的玉鸟相比，西周的凤鸟纹玉器，不论是在形状、形态还是工艺特点上，无不打下了自身鲜明的时代烙印。具体表现为：

其一，商代的玉鸟，因倾向于写实，故而圆雕作品在这类题材中占据

图【028-A】 玉凤纹璧 西周 34×4mm

性状：淡黄色玉。质佳，微有红褐色沁。口尾有缺口成璧，构思新颖。

▲ 图【029-B】 西周，玉凤纹璧拓片。

▲ 图【029-C】 西周，玉凤纹璧背面图。

了很大的比例，即便是那些微型雕塑，也件件刻画得变化多端、生动可人。而西周的凤鸟，则大致作为片状玉器的装饰性纹饰出现，少有如商代玉鸟那般灵动写实型的作品。因此有理由认为，就这一题材的创造性而言，商代玉鸟的艺术成果与美学意义，应该远在西周之上。

◀ 图【029-D】 器型参考图例之一：西周，凤纹璧，选自文物出版社 2007 年版《张家坡西周玉器》。

其二，若是我们从雕琢工艺上考察，则相比于商代玉鸟，西周的凤鸟纹玉器所表现出来的那种线条的优美、刀法的娴熟、图案的流畅，都已经到达了一个无与伦比的程度。这一方面当然得益于社会的进步，促成了工艺的革新。另一方面，与这一时期这一题材被当作了一种相对固定的模式，

◀ 图【029-E】 器型参考图例之二：西周，玉璧，山西省绛县横水西周墓出土。

图【029-A】 玉凤纹璧 西周 31×3mm

性状：淡黄色玉。片状。双面以勾撤法琢团凤纹。线条圆润流畅。

而被反复地、熟练地运用也有很大关系。就像我们所见的那些专题工艺师或画家，每天都不断地重复着自己所熟悉或擅长的同一工艺或艺术题材，天长日久，自然会产生出得心应手的技艺。

因此，西周凤鸟的设计，在当时大概都形成了一套相对固定的程式。有少量的玉器，被雕琢成一只具有简洁的写实风格的器型，更多的，则是被广泛引用于璧、璜、勒、柄型器杂佩等一些玉器的纹饰中。作为纹饰出现的那种凤鸟纹玉器，其构图大致上有两种情况：一为直立状，二为团身状。都是视器物的形状而因材制宜。一些长方形的器型上，凤鸟以直立居多，其特点是长颈勾喙、环身冲尾、昂首凸胸，有的还琢有有力的利爪，因此显得形象挺拔。而在一些圆形或椭圆形及方圆形的小型佩玉上，那种团身凤鸟就成了一种最常见的纹饰主题。凤鸟的头部，与直立形凤鸟一样，都呈勾喙曲颈状，圆目与凤冠也交代明确。所不同的是它的身体部分都环绕着头颈蜷缩成一团，这样相对而言就更显抽象。

无疑，西周凤鸟纹是一种具有极强装饰艺术的玉器纹饰。它对于体现西周王家玉器的奢华与精美，以及对于春秋玉器装饰艺术的影响，确实起到过非常典范的作用。

▲ 图【030-B】 器型参考图例：西周，凤纹玉璧，上海博物馆藏。

▲ 图【030-C】 凤纹璧局部图。

图【030-A】 玉凤纹璧 西周 34x3mm

性状：白玉，一侧散布有红褐色沁。双面雕琢团身凤鸟，纹饰精美。

西周勾撤法工艺与现代仿造特点

西周勾撤法，其“撤”也叫大斜刀、一面坡，是西周时期玉器工艺的典型特色之一。勾撤法给人最直观的感觉，是勾线纤细婉转，撤线宽直有力。这种用两根线条组合装饰或斜刀手法，在商代晚期的琢玉工艺中就已经开始广泛应用，如安阳殷墟出土的片状玉鸟，其鸟翼的琢法就有斜刀一面坡的味道。另外，在商代一些剪影式片状玉器中，那些以一圆弧形宽线来表现动物身体与肌肉的手法，实际上也具备了斜撤的工艺。如前所述殷商的刀、盾纹等一些纹饰，不少就是将两根线条组合在一起作为装饰的。这些工艺，相信都对西周的勾撤手法

▲ 图【031-B】 西周，鸟鱼合体佩背面图。

图【031-A】 鸟鱼合体佩 西周 99×42×15mm

性状：青白玉，玉质良佳，玉表沁色美丽。圆雕。鸟鱼合体，极富自然情趣。

◀ 图【032-B】 人龙合体佩拓片。

起到过启示性的作用。只是，在西周，勾与撤的刀法，被相得益彰地运用，因而使玉器的纹饰表现得更为流利更具有装饰效果，这不能不说是工艺技术上的一大进步和贡献。

我们还是仔细体味一下西周勾撤法的那种气韵吧。首先，我们认为线条的看似随意与自然，是这种刀法带给人最基本的视觉感受。也就是说，看西周的勾撤手法，是看不到一点刻意雕琢和做作的地方的，要么是纤毫流转；要么是大刀阔斧，任何凝滞或僵硬的处理，都可能（“可能”？也不绝对）看作是赝品的一种败笔。其次，在细节上，一些体现肖生类纹饰的重要部位如首、目及身子骨架，一面坡撤线则起到突出其雕琢对象的主体作用，而勾线则是撤线的辅助性衬托。因此勾线的走势，大致都会顺着撤线的走向加以刻画。除此之外，在一些细小部位或需要作装饰性技术处理的地方，如儿字纹，凤喙、龙爪及人的眉目发际等，有些也同样需要借助

图【032-A】 人龙合体佩 西周 66x15x3mm

性状：淡黄色玉。片状璜形。镂空雕琢人首龙身。头尾部分有沁。

于纤细的勾线予以表现。再次，那些宽深的斜坡撤线，会使纹饰产生一种类似压地或减地的效果，常常用于一些璧环类龙纹的涡状棱线及眼睛的表现，能产生很好的立体感和逼真度，极好地体现了这种勾撤法工艺在西周玉器中的美学价值。

西周勾撤法在作伪坊间被叫做“铲刀工”，是近年来古玉市场上屡可见到的一种作假技术。这类西周赝品玉器，我们除了在整体神韵的感受上（比如过分规正的开料及刻板的纹饰图案特征和不可掩饰的现代机械化痕迹等等）可以直接将其毙命外，还可以从勾撤手法的不当应用上能够辨别是非。

坊间的“铲刀工”，要想做成一件十分乱真的西周玉器，是有很大的难度的。首先，西周玉器的许多材质，是作伪者很难轻易能找得到的。就像用现代尼龙布去做两千年以前的服装，样子做得再像也不可能就是真的。关于这一点，我们在“商周的玉器材质辨识”中再来讨论。其次，西周的玉器纹饰很神秘，现代人如果没有很好的历史人文修养或美学功底，也是很难把握得好的。当然，也许有人会认为电脑复制可以解决这个问题，但是须知，任何一件真品古玉其实都是无法复制的，真品一经复制或翻版，那么它身上的灵魂便立即荡然无存。区别在于刻意的模仿与生动活跃的创作是完全不同的。再次，现代“铲刀工”最致命的弱点，大致有三：一是勾与撤的呼应时有凌乱而无章法。这些伪品的刀工，虽然力图想制造出

◀ 图【032-C】 西周，人龙合体佩背面图。

▶ 图【032-D】 器型参考图例：西周，人龙合体佩，河南省三门峡市上村岭虢国墓地出土。

一种勾撤的效果，但在线条的处理上，勾线的运用有时其走势完全不是顺应撤线而是自说自话般随意刻画。二是铲刀斜面浅显平直无力度可言。传说中周穆王时西戎献昆吾刀，切玉如切泥。虽为“传说”，但相信从西周玉器的工艺上可以找到一点依据。现代人则想依样画葫芦，但未解工具与技术之谜，因此必然不得要领。三是有些减地撤线虽被刻画得婉转自如，然机械痕迹严重。这可借助于10倍以上的放大镜下，能够看到比较规则的条痕。

西周勾撤法是在西周时期一种比较成熟的玉器雕琢技艺，在一些片状玉器中被广泛使用。但西周的玉器加工技法，并不仅仅局限于“勾”、“撤”之间。有些纹饰，特别如西周早期的一些玉器，其沿袭了商代时期双撤起阳线的方法，来表现图案。以双撤来勾勒一根阳线，或者作一个环状斜砣突出一个圆形，以作肖生玉器的眼睛，在后来也每每被运用。也有纯粹以“勾”线刻绘纹饰的，一直应用到晚期，直至春秋。因此春秋早期那些以双阴线表现纹饰的玉器，与西周晚期的玉器工艺技法十分接近，只是没有了撤的技法。但是以双线构成的图案，一定是受到了西周工艺的影响而作了保留。

佩　玉　将　将

西周龙纹合体佩的构思艺术

在玉器雕塑艺术里，将龙与凤定格在一个神圣而又无可替代的地位中，并开创了这种先例的，不能不说到西周。关于西周凤鸟，前面也有提及，不再赘述。这里说龙，谈谈龙在玉器雕琢构思艺术中的作用，同样很有趣味。

西周的龙，有以“形”表现和以“纹”表现的两种。以“形”表现的，一般都比较写实；而以“纹”表现的，则比较抽象。

写实的玉龙，大多以单个形式出现，也有双首连体的，而不与其他类别的纹饰组合。在形制和体态上，有的基本保持了前朝玉龙的遗风，以团身、爬行、身子屈拱或伸展等形状，制成环、璜、璧、玦、佩等器型，如陕西省长安县张家坡村出土的青玉龙形佩、河南省三门峡市上村岭虢国墓地出土的柱状玉龙形璜，等等，其龙的形状均脱胎于从前的样子。也有的

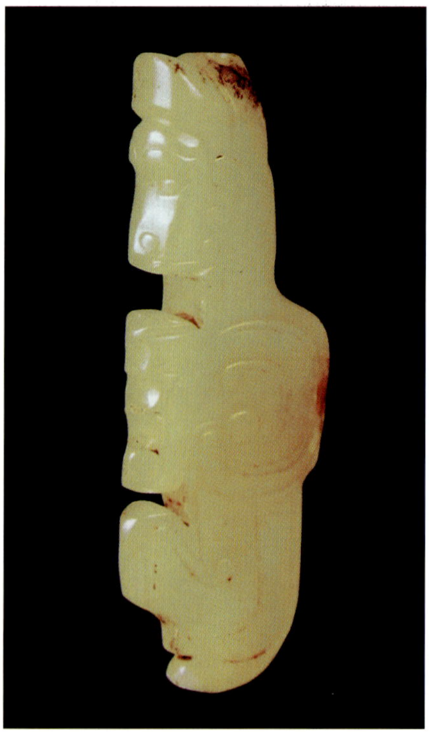

▲ 图【033-B】 器型参考图例：西周，人龙合体形玉佩，河南省三门峡市虢国墓地出土。

图【033-A】 人龙合体佩 西周 104×35×10mm

性状：淡黄色玉。厚片状。人形，腰部为龙体。一侧褐沁浓重。

◀ 图【033-C】 人龙合体佩拓片。

则经过改造发展，龙的形、纹明显地具备了西周自身的特色，而变得诡谲、多彩。如山东省滕州市前掌大村出土的一件玉蜈蚣形夔龙佩及陕西省扶风县齐家41号西周墓地出土的一件屈体翘尾的玉龙佩，等等，均为西周独有的形制，之前或之后，都少有见到。

这个时期，在与一些肖生类器物组合的玉器中，龙的出现，以“纹”为主，且大多抽象。纹饰的繁、简，也是根据玉工作器构思的需要，而有所不同。有些简略的玉龙纹饰，常常只以一个头部予以表达，说明这件玉器具有无比神奇的功能。而那些繁缛的玉龙纹饰，则有很多流线型线条加以表达，粗看只见华丽，细看则龙首、身、目、爪甚至上卷与下翻的唇、舌等等都一应俱全。只是要看明白以这些繁缛的纹饰所表达出来的一应俱全的龙体，得先细细品味西周玉工对于刻画这种神物所遵循的基本规律和构思技艺，否则就有如坠云雾之中摸不着头绪的感觉。那么，掌握的要点就

图【034-A】 玉兔 西周 29×13×4mm

性状：浅黄色玉。片状。下部沁重呈钙化状。兔姿伏地，用刀简洁传神。

▲ 图【034-B】 器型参考图例之一：西周，兔形玉佩，陕西省宝鸡市茹家庄出土。

▲ 图【034-C】 器型参考图例之二：玉兔，美国洛杉矶博物馆藏。

是抓住最有表现力的部位，如头部器官，逮住口、目，再以此延伸，直至看清龙的整体。这种龙型纹饰的母型，可资参照的，我们可以看看河南省三门峡市上村岭虢国墓地出土的那件青白玉龙形玉佩。不少西周玉器龙纹的刻画构思，相信就是从这类龙型玉器的基础上演变和美化的。

具有丰富想象力和创造才能的西周玉工，顺应该时期时代礼制的需要，创作了不少神奇怪异的以龙与他物相组合的玉器，让今人叹为观止。这些组合玉器，充分体现了一个时代的政治、宗教和文化，对于在漫长的历史长河中发扬和传承龙的精神，起到了不可磨灭的作用。这样，我们就会看到，作为一个玉器雕塑中的普遍性的题材，龙与凤、龙与神人、龙与龙及龙与其他肖生类器型的组合型纹饰，大量地出现在瑰丽的西周玉佩中。它们大致上的构思技巧是：

一、以龙作为主体，根据佩饰器型的需要，突出龙首，分布龙纹。这类玉器，是一器多龙，巧妙布局，形成“龙行天下”的气势。如河南省三门峡市上村岭虢国墓地出土的青白玉五龙合体玉璜，采用镂空雕琢的方法，以一条呈蹲姿的拟人化玉龙为主题，周围再根据形制的需要，以两两相对的形式，刻画了四条对称的龙首，盘绕成一体，作成一个精致的玉璜。这样的作法，在一些高档次的佩饰器上经常可以见之。图 39 的双龙合体玉佩，在一个长方形的片状玉材中，以两龙屈体来构成一玉器饰件，自然得体，是这种形制的典型代表。

二、作为凤纹的辅助纹饰，或两相映衬，呈现出龙凤呈祥的气氛。这

图【035-A】 玉兔 西周 69×68×13mm

性状：白玉。片状。腿前伸，憨态可爱。

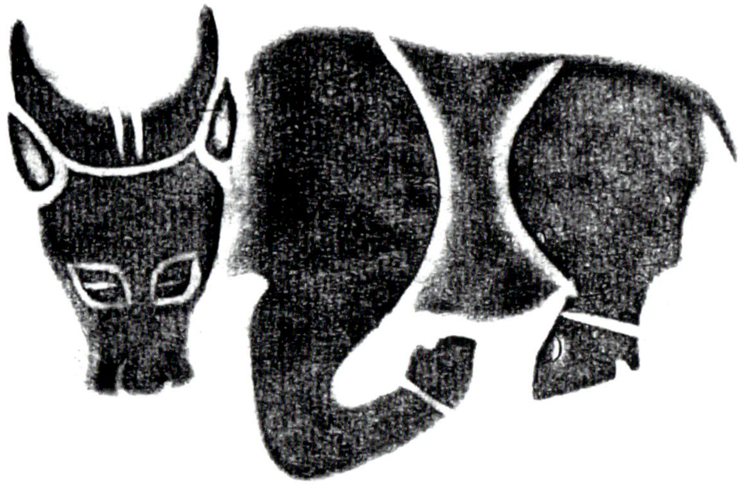

图【036-B】 西周，玉牛拓片。

类玉器的创作灵感，可能与祈求世界阴阳协调和体现君子刚柔相济的理念有关？总之，龙与凤在西周玉器中的结合，也是一种非常时髦的题材。凤的柔美与龙的威猛，体现了一种相得益彰的和谐之美。在一些片状长条形器物如各地出土发掘的柄型器上，可以见到凤为主体居上龙为映衬居下这种纹饰的程式化运用。图 26 的半圆雕状龙凤一体玉佩，虽然同是作成凤上龙下的格局，却充分利用了龙身盘曲的特点，雕成环状，以一小巧玲珑的凤鸟驻足于龙首之后，在构图上体现出极度的平衡和协调，与河南省三门峡市上村岭虢国墓地出土那件同类玉佩如出一辙，体现了西周先人高雅的审美情趣，是一件不可多得的艺术精品。

三、作为神人的组合部分，象征神人所能依附的力量，具有鲜明的图腾意味。与龙、凤的组合一样，龙与神人的组合玉佩在这一时期也十分多见。这种玉佩通常有两种情况出现：一是比较直观的以神人为主体龙为依附的组合型玉器；二是见首不见身，以比较抽象的纹饰去表现人与龙的组合。图 32 与 33 应该属于第一种情况。其中，图 32 整体看是一个侧身人形玉璜，但是真正能体现人的特点的，则只是一个具有西周人物特点的脸型：颊部下陷，鼻尖微凸，橄榄形眼，电话形耳。人的躯体及足部，则有二龙组成，其中中间一条呈椭圆形团身状，而下端那条已经抽象化了，仅以一龙首来勾勒。这种以龙附身于人的构图，无疑使玉器增加了不少神秘的魅力。图 33 构思方法应雷同于上图，所不同的只是，由于用材的区别，器

图【036-A】 玉牛 西周 63x36x2mm

性状：浅黄色玉。玉质莹润。单面工。边缘有红沁。蹲伏。状态安详。

◀ 图【036-C】 西周，玉牛背面图。

型的厚重程度大大超过了前者，而在纹饰的结构布局上则更为简洁明了。它表现的是一人一龙，其中人首及龙的首、尾几乎各占了三分之一。尽管如此，这件玉器突出的形象依然是一神人，而龙，起到的则还只是一种附设作用。不过，设若没有龙的装饰，这样的一件侧身人形玉器，肯定会显得枯燥乏味得多了。

四、点缀于其他类别的肖生类玉器，使其更充满神奇的精神。周人的崇龙，决定了龙题材的流行，有时甚至到了无所不用其极的地步。这并不奇怪，恰恰说明了西周先人对于龙的热爱而由此生出在传播和发展龙文化的精神上，贡献不小。不仅如此，在多龙合体、龙凤合体及人龙合体的玉器创作之外，龙还与其他肖生类器物组合在一起，诡谲中而显神奇，体现了西周玉工大胆、精巧的想象能力和不落窠臼的艺术创造力。如山西曲沃县晋侯墓出土的镂空雕片状龙虎合体佩，主体为一只跃动的老虎，而虎的头上附了只卷尾龙。这种看似荒诞的结合，却别有一种看头，给多姿多彩的西周玉器平添了不少审美情趣。

由此可见，西周的龙纹合体组合型玉器，不失为西周玉器艺术宝库中一枝瑰丽的奇葩。

图【037-A】 玉狗 西周 48×30×10mm

性状：玉质黄白玉。圆雕。整器受沁严重。双阴线饰纹，呈回首蹲伏状。

柄型器的简略与华美

柄型器肯定不是古代人的叫法。后人发现商周时期那些如柄状器物的玉器，不知其所以然，就称其为“柄型器”，这样就一直沿用了下来。因此，现在我们看到的那些柄型器，只能姑且叫做“柄型器”罢。这些姑且被叫做“柄型器”的玉器，大致是片状，长方形；也有的为方柱状或半圆柱状，如签或锥，底部或平或尖。因为曾有考古发掘发现这类东西有插嵌的迹象，因此又被认为是一种有着特殊礼仪规范的玉器。

◀ 图【038-B】 器型参考图例：西周，柄型器，选自上海科学技术出版社 2008 版《故宫博物院文物珍品大系（玉器）》。

从这个概念上我们看西周时期的柄型器，有的简略，有的华美，体现了两种完全不同的风格特点。

简略型的，在我们看来更像是柄型

图【038-A】 玉柄型器 西周 143x29x4mm

性状：白玉。片状。饰龙纹。黑色沁斑深入玉里，自然均匀。

器。因为它大体有“柄”，而光素无纹。这类柄型器，呈狭长形片状，上端琢成瓶颈模样，或曰束腰，无工或略施工艺，以平直的横条阴线区分器身。器柄以下部分则素面朝天，切磨平滑而不琢装饰性纹饰。底部则做成倒梯形斜面，有如榫头状，这便证明了它在使用上确实有着插嵌的功能。也有的在下端靠近锥部的地方钻有一孔。有更讲究的，孔内镶嵌了绿松石，作为装饰。这样的柄型器，简略是简略，但玉工的制作，却也是用心良苦的，一点也怠慢不得。对一个功利性的古玉玩家来说，这种无工薄片状的柄型器一点都不好玩。它确实不如一块明清的牌子，挂在胸前那么耀眼。但是哪里知道它所承载的内容，恐怕谁也掂量不起来吧？

另一种柄型器，因为华美，颇受人钟爱。这种柄型器，实际上几乎无“柄”而言。狭长形片状的切料是相似的，但比较规正，有的边长相等，也有上宽下略窄的形状。如果说上述那种简略型的器型，在商、周之间都有使用，那么这种片状饰纹的华美型的柄型器，则主要出现在西周时期。我们在这些玉器的上面，会看到典型的勾撤法和一面坡工艺，也会看到那些象征西周图腾的一些肖生类纹饰。出现在这些纹饰中的对象大致有三类：凤、龙与神人。凤可以单独出现，也可以与龙合为一体，凤上龙下，以构成龙凤呈祥的创意。龙也可以与人合为一体，如故宫博物院所藏

◀ 图【038-C】 西周，柄型器局部图。

图【039-A】 双龙合体玉佩 西周 66x33x5mm

性状：白玉。片状。双龙对角相向连成一体。为环佩之一。

◀ 图【039-B】 西周，双龙合体佩拓片。

◀ 图【039-C】 器型参考图例：西周，透雕龙形玉饰，河南省三门峡市上村岭虢国墓地出土 现藏中国国家博物馆。

的那件，为上厚下薄的扁方长条形器型，两面琢相同的人龙合体纹，上部一神人，长发后飘，呈侧身蹲踞状，形象较为抽象变形。而下部琢一夔龙，缠绕其身，形成人龙一体，图案华美而富有神秘感。同例有如图38，除了器型厚薄大小有别和玉质为上佳的白玉外，其余如主题纹饰、构图及工艺特点，如出一辙。就像以冲尾、勾喙、挺立为塑造特征的凤鸟纹饰、以凤上龙下为构图特征的龙凤合体纹饰一样，神人与龙的布局与构思，同样必定遵循着西周时期王室对礼仪类玉器的规范要求，因此同等题材同样器型的玉器，时常会重复出现。

介于简略与华美型之间的，还有一种同样可以堪称为柄型器的玉器，与片状不同，为长条或方柱形，有柄及榫或底部呈锥形。这类柄型器通常分为数节，每节以对称的形式琢以莲瓣纹、蝉纹或其他纹饰，集浮雕、阴刻、凹弦线等工艺为一体，是一种看似简朴、实为工整与精美兼具的该类器型中的精绝之品。

佩　玉　将　将

商周的玉器材质辨识

商周的玉器，由于用材较杂，而作伪者又较易找到粗略看去玉表相似的玉石，这就给商周玉器的辨识带来了一定的困难。如果作伪高明，而材质相去不远，对于基础薄弱的古玉收藏爱好者而言，势必会产生很好的“药力”。现在更为复杂的问题是，目前市场上流行的新玉品种，已经就有层出不穷变化万端的现象。据说光俄罗斯料一种玉材，品类之多便足以令人眼花缭乱。加上一些历史上知名的和不知名的玉石材质，要想辨别得非常清楚真是一件并不容易的事情。作伪者在这些星罗棋布般的玉石大河中，精心挑选一些足可以乱真的仿古材质，相信也不是一件十分困难的事情。这样，自然给仿古玉器的泛滥创造了可乘之机。

我们在对各地的一些仿古玉作坊和古玩市场考察的过程中，发现赝品玉材的陷阱，一是选用老玉作工，冒充古玉；二是对玉表色泽及具有原生状态的沁痕、绺裂进行精心筛选改造，以达到以假乱真的效果。这里，老玉新工，破绽反而会多，因为有些老玉，重新切片定型后在工艺上便很难过关，因为现在的玉工，大多不具备古代玉工那种深得时代之真谛的历史文化内涵。他们可以借助于电脑等现代工艺技术进行复制，但是随形施

▲ 商周玉器材质图例之一：淡黄色软玉（商代，玉牛，31×32×18mm）。

▲ 商周玉器材质图例之二：冰青色软玉（商代，玉鼠，86×30×20mm）。

▲ 商周玉器材质图例之三：白色软玉（西周，玉蛹，38×5×3mm）。

▲ 商周玉器材质图例之四：绿松石（商代，玉狗，41×30×7mm）。

艺的古玉与刻意仿制的伪古玉，是很难达成一致的效果的。如果再以刀痕、纹饰等观照，真相就会不辨自明。

而在一些具有原生态表象的杂玉中选择材料用于作伪，则可能会给辨识的对象制造更多的假象。因为原生的沁痕及玉表，有些已经非常接近于古玉的性状了，加上玉工的精雕细刻和精心做旧，真假也只是在一步之遥了。

这里，我们以白玉、青玉、浅黄或青黄色这三种较为典型的商周时代玉器用料为例，来辨析一下容易被混淆的当前仿品的玉料特征。

一、白色玉。由于商周时期的白玉，除了一部分被视为是和田玉的品种外，尚有不少白色的玉材，可能归类于和田玉之外的各种地方玉行列，甚至它们的分布，除了性状比较明确的岫玉、南阳玉之外，有些白玉，连属地也许都难以考证。那么，对于这些性状为现代人所认识的玉材，辨别还好说些。而对于玉材性状与今人经验有悖的玉材，识别就有点勉为其难了。我们看到有一件白色的商代晚期至西周早期

◀ 图【040-B】 西周，玉人首形佩拓片。

◀ 图【040-C】 西周，人首佩，选自远方出版2004年版《中国古玉价值评估》。

图【040-A】 玉人首形佩 西周 69×24×7mm

性状：白玉。微有沁线。单面刻纹。饰獠牙、戴耳环，形象狰狞。

的玉虎，质地纯净而无杂质，器型与纹饰也给人一种似是而非的感觉，它是对的么？不对。不对在什么地方？我们还是把它放在同时代的类似玉器来比较：同样是西周时期的非闪石类地方白玉，也同样比较纯净而无杂质。但是，就玉材的质感来比对，我们发现，西周时期的真品白玉，即使有不少看上去质地不够缜密、莹润度也比较欠缺，但还是会呈现出一种凝重、内敛的陈旧感觉。而那件所谓的商周玉虎，玉质透明松散，玉色光泽浮泛，这样之后，再看神情，自然也是没精打采有气无力。识真伪，光凭这些便够了。其余所有识真的理由，都不再成立。

▲ 图【041-B】 西周，龙纹玉环拓片。

二、青玉。商周时期的青玉，也并不少见，而且类别并不简单划一。那些闪石类的和田青玉，其色泽、性状等有许多方面都与我们现在经常接触到的和田青玉无多大差异。不过，有些密度与透明度都比较好的一类和田青白色玉，其颜色类似冰青色，质感和温润度都十分之好，似乎在当下很少见到。用青玉作伪的商周玉器，材质大致非常混乱，只要带青的玉或玉石，通常都会被作假者利用。我们看到有一种材质，以青色为主体夹带有浅褐或深褐的原生色玉料，做成商周或更早时期的玉器，对于目力不济的古玉爱好者来说，是比较容易混淆和上当的。但这类仿古青玉，玉表与质感都呈千篇一律的灰暗和浑浊，有一种“肮脏”与“僵化”的感觉。另外，我们只要从沁色的形成机理和色泽、结构特点来分析，就不难看出，那些由材质本身带出来的被误认为沁状或钙化物的杂质，与千百年来玉器受埋葬环境自然浸染而成的沁色，不管在色感的过渡、层次及色彩的活性上，也都是

▲ 图【041-C】 器型参考图例：西周，龙纹玉环，陕西省扶风县西周墓地出土。

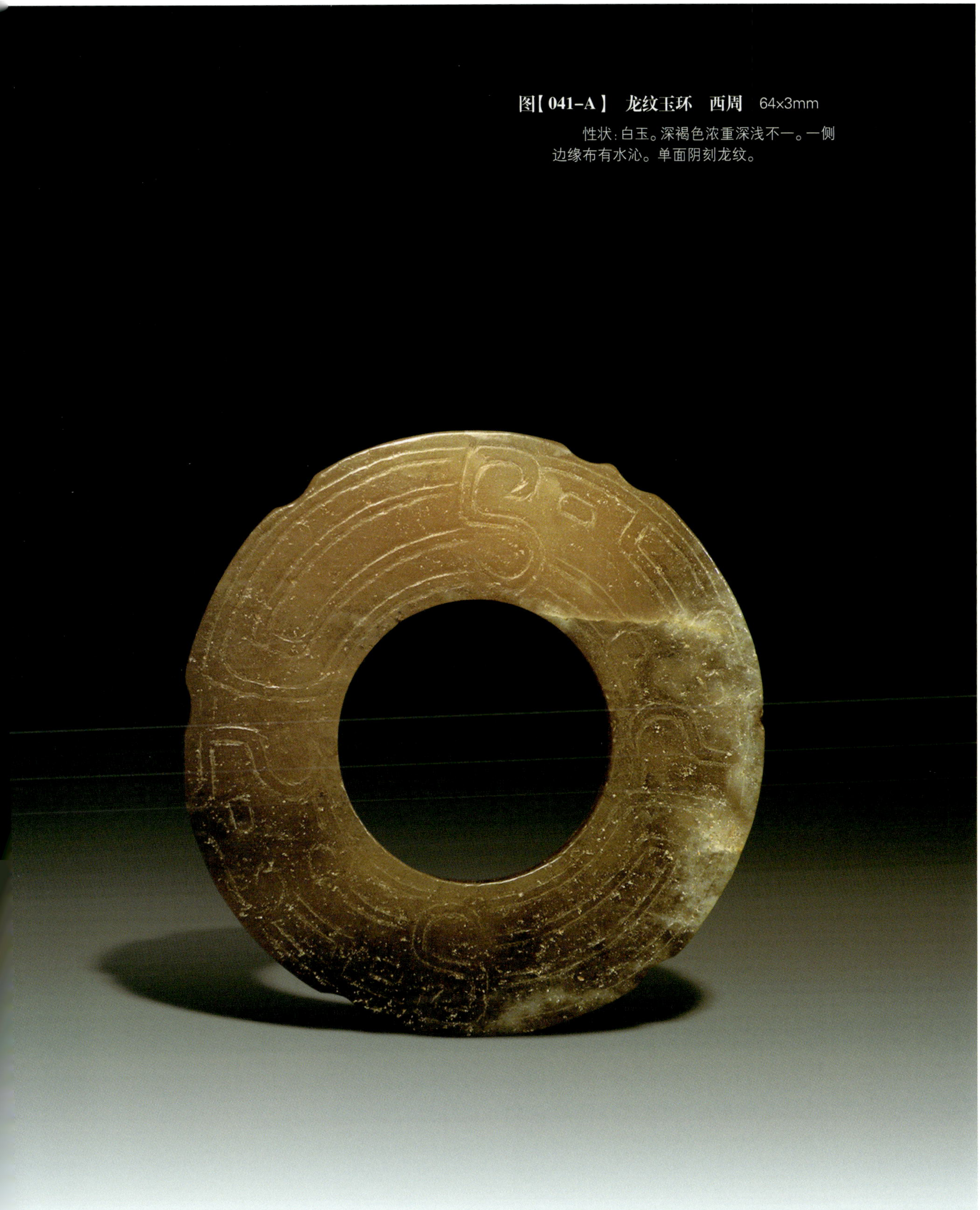

图【041-A】 龙纹玉环 西周 64x3mm

性状：白玉。深褐色浓重深浅不一。一侧边缘布有水沁。单面阴刻龙纹。

◀ 图【042-B】 春秋-战国，玉虎背面图。

风马牛而不相及的，比较好辨。

三、浅黄或青黄色玉。这是一种使用历史最长、采用品种最普遍的一类玉器。上可以追溯到新石器早期，下沿袭至当下。它出产于东北岫岩一带，俗称岫玉，有闪石类和蛇纹石类之分。这类玉材，在古代玉器中见得较多，以黄为主色，深浅不同；有的间以微青绿色。那种黄亮如鸡油、色感晶莹而润滑的闪石类材质，更是一种千百年来受人钟爱的优质玉材。除此，有的淡黄而略显亮泽通透的玉材，也常可见之。此种材质，灯光下看已接近白玉，但那种已经渗透入内的浅黄，是否算是质变的结果？有待共识。而黄中略带青绿的玉材，由于缜密程度及质感都不错，因此远古时期以来一直都是王室用玉中比较重要的材质之一，商周尤为普遍，并且较多地被运用在一些佩饰件之中。需要警惕的是，目前市场上类似的上述玉色的玉器较多，那是因为有些矿藏至今仍在出产这类玉材，用于制玉，不足为奇。如果用于仿假，就玉材看，它们的通病一言以蔽之，那就是：质感浅薄、浮光四溅。有些经过一定手段作过做旧处理的此类玉器，可能因为质地关系，其“浅薄”感依然很难消失。所谓“浅薄”，除了理解为器型的没有内涵外，还可从玉器的手感、玉表光色的自然程度上去细细感悟。因为古玉中，有许多我们看不见摸不着的东西，其实是真实地存在着的，那么，我们可以凭感觉来加以体察。

图【042-A】 玉虎 春秋 52×25×18mm

性状：白玉。玉质精良。半圆雕。首尾为螺丝形，沁重。呈立地回首状。

玉器雕琢中的"回首律"艺术

——解析两件春秋时期的玉虎与玉龙

有一种艺术表现手法，叫做"回首律"，就是将铜器或玉器造型中的动物，安排成回首的样子，以强调动感与传神，获取更好的艺术效果。事实果真如此，这种出于生动效应考虑的艺术手法，自新石器时期开始即有创造（如上海金山出土的良渚文化陶器残片上，即有鸟回首图案，只是回首鸟纹已变体为修长而抽象化了）。后来，商周以后，这种作回首姿态的肖生玉器越来越被普遍地运用，乃至出现了不少堪称为经典的玉雕作品，如山东前掌大出土之商代晚期玉鹿；河南安阳出土之商代玉狗；湖北省博物馆藏之东周玉龙，等等，都是佳作，时至今日，依然耐人品味。

▲ 图【042-C】 器型参考图例：春秋，青铜器之局部虎纹，选自《华夏文明史》第一卷（中国博物馆编著，朝花出版社出版）。

说到这种手法的艺术依托，有学者认为

图【043-A】 玉龙 春秋 60×30×5mm

性状：白玉。片状。满身饰蟠虺纹。下部边缘有沁。回首。尾分叉。

◀ 图【042-C】 器型参考图例：战国，玉虎，山西省长治市分水岭出土。

“兽之回首，似有它的艺术情境，即不得不尔，而非作态。”（王政：《战国前考古学文化谱系与类型的艺术美学研究》P357）这就说明，把动物表现为回首的状态，是为了更加有效地传达动物精神面貌的一种艺术方式，而不是“装模作样”的臆造。回首的状态，让我们更能看到一种活的生命，同时也看到一种动态的世界，它所产生的艺术感染力，也许是别的表现手法所不能比拟的。

图42是春秋时期的玉雕作品，是为兽类。按通常的叫法，称为“玉虎”。如果我们仅从外在形象来看，似与现实中的虎存有一定距离，主要表现在头与尾部呈螺丝状凸起，形态怪异，与常理有悖。但猜想这里另有玉工所要表达的寓意，只是今人不明。而重要的则是这件玉器的成功之处，在于回首律的运用，起到了点石成金的作用。玉虎两腿前伸，呈蹲姿，这本来是一种自然的安闲的常态。但是我们在这常态后面，又看到了其拱着的臀部——那是一种因安闲被扰乱了的紧张状态。再往前看，玉虎的整个头部都扭了过来，一副向后张望的样子——这又是一种敏锐与警觉的神态。这样，我们看到，玉虎本身，被雕琢得壮硕而丰满，比例也很均衡恰当，具有结实的躯体和威猛的外表。而尽管这样，在那个变幻莫测和险象环生的世界上，它的敏锐、警觉与紧张，让我们看到动物求生的本能和那种弱肉强食的生态环境，充满着无情、血腥与残酷。这种融威猛、紧张与

▶ 图【043-B】 春秋-战国，玉龙拓片。

敏锐于一体的神韵，通过动物回首的表现，被淋漓尽致地传达了出来。它给人展现的，不单是一个有着血肉之躯的老虎而已，也是其时现实世界的最好的写照。这么来看，它所体现出来的情境和艺术效果，就不能不令人击案叫绝了。

▲ 图【043-C】 器型参考图例：战国，龙型玉佩，河北省随州市曾侯乙墓出土。

图 43 是一件片状作品。它盘缠着身体，具有一个分叉的尾巴，依此，我们便称它为“玉龙”。这也是一件比较抽象的玉器作品，它并不与现实中的哪种动物相符。但如前一样，这些也许都并不重要，因为玉工所要表达的，是一种神韵，一种精神状态。这件玉龙，白玉质，但由于长期受外物沁染，质地已为水土所改观。实际上，今人对不少此类玉器的表象与色泽，大都不甚了了，以为古代被称为和田白玉的玉器，都是如冰雪般白润，而非如此。这实在是一种误解。这件玉龙，在我们看来，在当时应该就是被称之为和田白玉的材质，只是因为两千多年来外物的浸染，才使它不得已下变

◀ 图【044-B】 器型参考图例：战国，龙形玉佩，湖北省随州市曾侯乙墓出土。

色变质。现在再看它的姿态：身体自然弯曲，与尾部落实在同一条水平线上，使玉龙在曲折之中呈现出一种平衡之美。应该说，这是玉工以形施艺的一种技巧。而"回首"的处理，同样为的是表现玉龙身上所具备的活的精神：不驯服与不安分。它一边在前行，一边又不能不张望着后面的世界，以捕捉身外的动静。它给人的表象，是安然的、宁静的，可是我们又看到了在这种安然与宁静之下内心的不安与躁动。所以能生发出这样的感觉，说到底，是玉工成功运用"回首律"手法来进行艺术创造的作用。

在自古至今漫长的玉器雕塑历史长河中，这种以"回首"的形式来塑造各类肖生玉器的手法，后来一直被广泛地应用着，它所产生的艺术感染力，远远地超出了一事一物的范围。我们从这种玉器上看到的，是一个动态的自然界，是一个生气勃勃的世界，它会让我们更加关爱生命，也更加向往和谐安宁的生命环境。先人的这种智慧结晶，就是这样既影响着后人在雕塑创作中的艺术灵感，又改变和丰富着我们的无穷的审美情趣和意境。

◀ 图【044-C】 春秋，玉兽面纹形方勒背面图。

图【044-A】 玉兽面纹方形勒 春秋 28×28×10mm

性状：玉质黄白色。双面琢兽面纹。一面沁重，沁色褐红。角呈螺丝状。

春秋玉器的装饰艺术更甚于造型艺术

西周玉器工艺上的革新对后世影响甚大。尤其是在玉工认识到线条的运用对增加玉器纹饰的美感有着极大作用的时候，势必会在铊刻加工手法和图案修饰效果上倾注更大的心血。与商、周时期相比，春秋时期的玉器，在器型上虽然也有一些自身独特的创造，比如玉剑具及一些具有春秋时期特色的玉人等，更多的则大致上都是筛选了前朝的一些器型来予以塑造，除此外似乎没有太多的标新立异的地方。而春秋玉器的不同凡响之处，与其说是在造型上，不如说是在装饰艺术上的革新。它们的华美与圆满，给后人留下了很深的影响。

以两条阴线来琢出一根阳纹的线条，始于殷商。西周出现了勾撤法，是工艺技术上的一大发明。西周中晚期以后，那种以两条婉转自如的阴线来刻画纹饰的作工手法又开始频繁应用，这种风格一直沿袭到春秋。在一些发掘出土的平面片状或柱状玉器上，我们看到龙纹的

▲ 图【045-B】 玉龙、蝉纹琮形勒拓片展开图。

图【045-A】 玉龙、蝉纹琮形勒 春秋 46×26×20mm

性状：白玉质，微黄。琮柱状。每条棱边浮雕二蝉，柱体饰双阴线龙纹。

雕琢，就是具备了这样的风格特点。图 41 的那件玉璧，同样可以作为参照。

兽面纹玉佩，在春秋时期也是比较常见的器型之一。虽然其塑造的基本轮廓，不出商、周兽面纹之左右，但在细部的刻画上，完全突破了似曾相识的一统化局面，体现了玉工在雕琢此类玉佩时的良苦用心。河南淅川下寺出土的那件兽面纹玉牌饰，其抽象华丽的纹饰和精湛无比的工艺，堪称这一时期无可比拟的经典。本书中我们选取了图 44、47 与 49 三件玉质良佳的兽面纹玉器，亦可看到商、周遗风在春秋玉器中的体现，比较明显。图 44 为长方形厚片状，接近于半圆雕的一件玉器。这件兽面纹双面同工，以阴刻及浅浮雕手法塑造一个带角的兽面。角呈螺旋状，对称分布于上方两端，阴刻双眉，剔地琢双目与鼻。五官布局均衡，形容庄重。图 47 同为兽面纹佩，冰白色玉质，同样以阴刻和剔地的方法，精细地刻画了一个眉目清楚、神态威严的兽面纹饰。这样的气韵，会波及到战国或汉代的一些玉器。图 49 为扁长形兽面纹玉佩，与上述两件不同的是，它在一个兽面的基本框架下，美化装饰的效果被大大加强了。而美化的手法则是春秋最典型的剔地阳纹工艺——以繁缛、圆润、饱满的曲线，来表现兽面。这样的玉器，给人的视觉感受是华美、精致而充实，在审美上具有很大的震撼力。这类玉器，我们可以看作是春秋时代的典范。

有一种装饰工艺，流行于春秋晚期至战国早期，不能不引起我们的注意，那就是在一些片状佩饰的纹饰上，以两条相向斜撤或勾撤的线条，组合成一个 S 形纹。这是一个粗看很完整的 S 形，但若是要将它分拆，则会明显地看到它其实是由两笔构成，每一笔就像一个“？”的上部，下端反向相连，就形成 S 形这种特殊的工艺形式。这种反撤 S 形工法，其用刀利索，线条流畅，绝无半点做作和拖泥带水之感，可以认为是这一时期玉雕工艺的独创。在坊间或古玩市场，目前还尚未发现能有这样的工法，能引用于春秋

▲ 图【046-B】 器型参考图例：战国，青玉谷纹饰，选自人民美术出版社 2003 年版《中国古代玉器艺术》。

图【046-A】 玉蟠虺纹勒 春秋—战国 16×58mm

性状：白玉。一侧有红褐色沁染。圆柱状。柱体饰蟠虺纹。

玉器的作伪。有些刻意仿制的，不是线条凝滞便是刀痕平板而无撤刀印迹，加上刻线与玉表包浆迥异，破绽定然不攻自破。

▲ 图【047–B】 春秋–战国，兽面纹玉佩背面图。

春秋时期的玉器，另一鲜明的特点是对所琢之物饱蘸笔墨大肆渲染，在器身之上容不得半点空白。但是奇怪的是，在装饰性纹饰的运用上，又总是以勾云纹为主线，阴刻的或浮雕的，通过富有想象力的交接组合，形成“龙”或曰“蟠虺”的图案。因此，为了体现玉器的华而充实，我们在一件春秋玉器的装饰图案上，只要依循圆形的眼睛，几乎就能轻易找到翘唇吐舌的龙首，并且满布器身。图45的方柱形玉管，两条相对而视的龙首就很具象。这是用双阴刻线来表现纹饰图案的一种方法，其布局交代比较明晰，是一种尚算“通俗”的读物。图46的圆柱形玉管与图50的玉环，则看去要显得繁琐与复杂多了。但即便繁琐，“龙”或曰“蟠虺”的作法，还是严格遵循了春秋时期的章法，即在密布的云纹中，必定能够捕捉到特征明确的群龙之“首”，尽管有的很抽象，有的甚至只剩下一种纯粹的装饰效果了，但是玉工所要表达的意义，相信不出其左右。战国与汉代大肆流行蝌蚪纹或谷纹，是否从这种装饰效果中获得了灵感呢？不得而知。

有人说，春秋时期的文化，是周代礼乐文化的下移与普及。这是问题的一个方面。另一个方面，我们认为春秋时期在对周代礼文化进行不断的反思和总结中，同样有所创新和推进。礼、义依然脱不了那个时代社会政治生活的范畴。玉器艺术则是时代的倒影。将玉上升至德的高度并予以系统阐述的，便始于春秋时代的管仲与孔子。由此看来，春秋时期玉器的繁荣与玉器艺术的进步，与霸业政治的需要和“君子”们倡导的礼、义文化有关。玉器从通天的神殿上走下来，只为现实中的诸侯贵胄以及他们所信奉的礼制服务，这样，追求更精湛的装饰艺术，作为霸主们国力的炫耀和文化进步的象征，势必就成为了一种必然。当然，要说到“礼崩乐坏”，那也是后期的事情。如果一定要连带说到玉器，似乎没有出现太多的断裂。而重装饰少有造型艺术上的创新，是不是也算一种薄弱的表现？可以探究。好在这种薄弱，到了战国时期立马得到了改观。

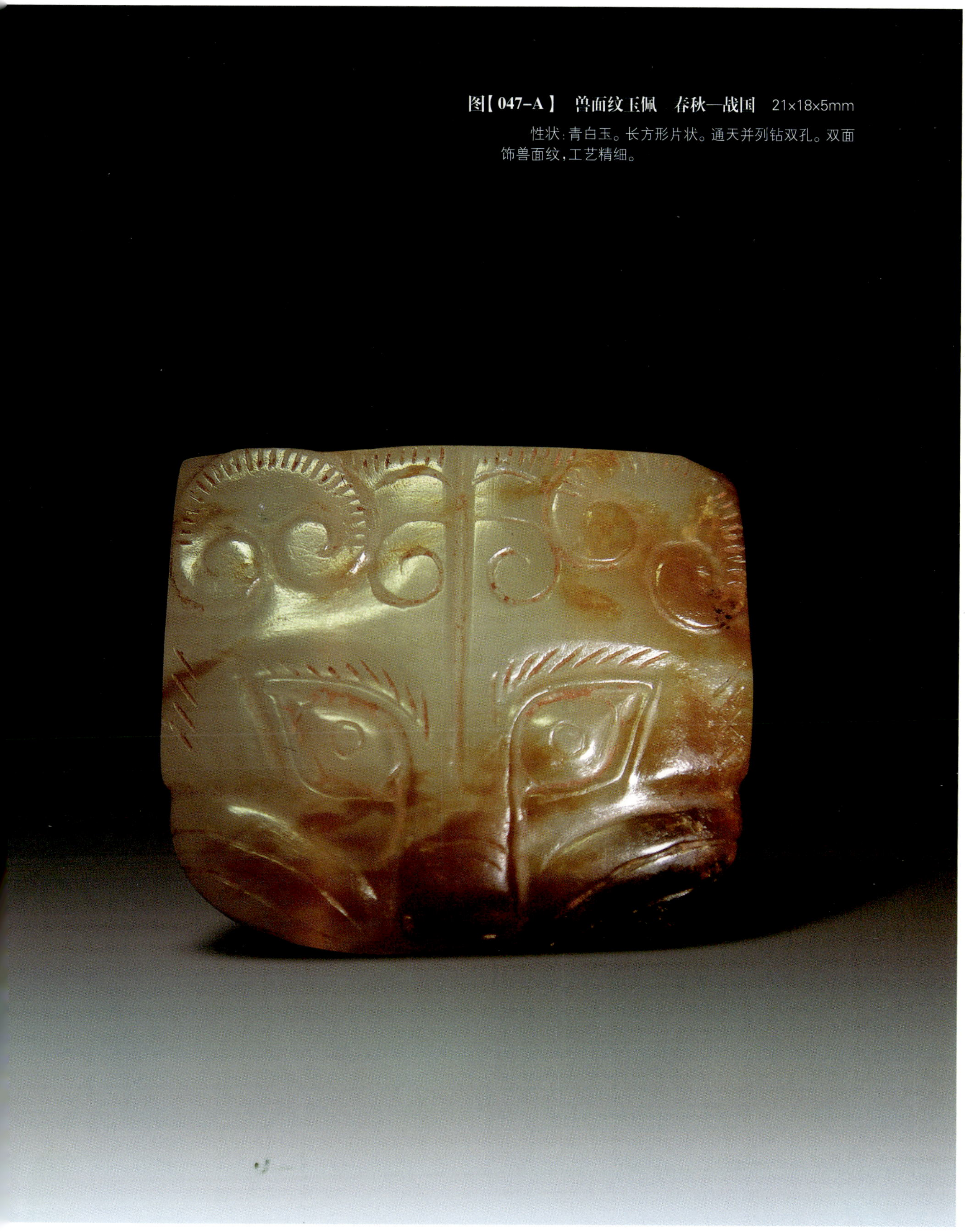

图【047-A】 兽面纹玉佩 春秋—战国 21×18×5mm

性状:青白玉。长方形片状。通天并列钻双孔。双面饰兽面纹,工艺精细。

佩 玉 将 将

战国时代——玉器雕塑艺术的极致

在中国古代玉器中，战国与汉代玉器曾经一度成为人们追捧的对象。这与战国与汉代时期大量佩饰玉器的创新和发展，切合了后人审美心理的期待有着一定关系。汉以后玉器渐趋进入实用主义的地步，这就要求在选材精良、造型生动性及工艺精美这三者之间能够达到尽可能完美的统一。而战国与汉代玉器（尤其是战国玉器）恰恰符合这样一些特点，因此为后人所厚爱便理所当然。不过，这要撇开从文化内涵上去阐释理解，因为任何一个时代的玉器，它们所饱含的独树一帜的历史文化内涵，是完全不能相互去比攀或替代的。

战国玉器的辉煌，简略地讲，在于质佳、形美、工精。

“质佳”，体现了战国先人对于玉器品质

▲ 图【048-B】 器型参考图例：战国，玉璜，河北省平山县七汲村中山王墓出土。

▲ 图【048-C】 春秋-战国，玉珩拓片。

图【048-A】 玉珩 春秋—战国 43×21×4mm

性状：白玉。玉质佳。双龙首合体形。上下出脊，身饰云纹，减地浅浮雕。

的优劣，形成大致一致的观念，那就是依照不同等级和用途，选择玉材时在产地、色泽、缜密度和莹润感等等方面有着相对明确的标准。虽然和田闪玉尚未形成一统天下的局面，但一些等第较高的贵族墓葬，那些礼聘及赏玩之器的材质，相信大多都以闪石类真玉琢成。湖北随州市擂鼓墩曾侯乙墓出土的300多件玉器，从目鉴看极大部分应该都是属于和田闪玉。古方先生在《简述考古出土玉器中的和田玉》一文中，仅列举了3件残玉璧的偏光显微镜观察、化学成分分析和X-射线衍射仪粉晶分析的检测结果，证明这三件“分别为绿色、不均匀的褐色带乳白色和浅灰色”玉璧的物理性质和化学性质与新疆和田玉相似，因而得出的结论是“可能产于新疆和田”。以此推断，较之于其他精美的佩饰玉器，其玉料的选用绝对不会降低它们的品质。

▲ 图【049-B】 器型参考图例：战国，兽面纹牌饰，上海博物馆藏。

▲ 图【049-C】 器型参考图例：玉人兽面纹佩，河南省博物院藏。

当然，战国玉器的选材，品质是第一位的。因此，除了和田软玉外，有些品质良佳的玉材也每每被玉工选用。这是缘于他们对玉材品质的认定，自有相似的共识。战国时期杂家尸子就曾说过：“玉者，色不如雪，泽不如雨，润不如膏，光不如烛。”（散见诸书文汇辑：《意林》）意思是说真正的好玉，颜色不能像雪一样白、光泽不能像雨滴一样亮、表面不能滑润得像脂膏、色泽不能刺眼得像火烛。基于这样的认识来挑选玉材，自然能实现理想的选择。他的这种识玉经验，我们后面还要谈及。因为在我们看来，这种经验，即便在今天，想来也是有着一定的借鉴作用吧？

“形美”是相对于后世的玉器而言。战国时期的玉器，在主题的选取和纹饰题材的选择上，除了

图【049-A】 兽面纹玉佩 春秋—战国 26×22×6mm

性状：青白玉，玉表受沁严重，底部有小残。减地浅浮刻兽面及云纹，工艺精细。

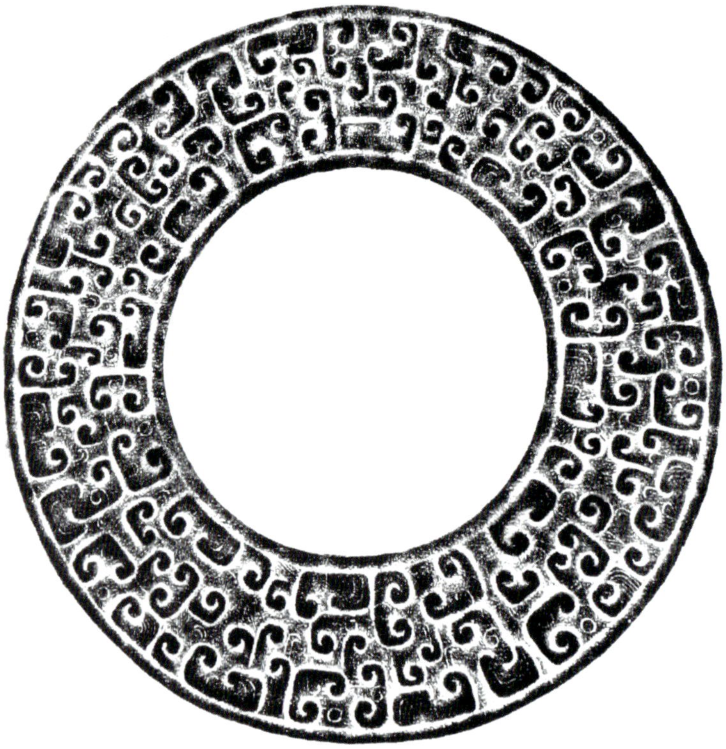

◀ 图【050-B】 春秋-战国，玉环拓片。

有些神话传说令人颇费神思外，其他的倒是并无太多的标新立异。人物是达官贵人，偶及舞女；动物是龙、虎、螭、凤，及熊兽家畜；云、谷、饕餮等纹被广泛地用于璧、环、管、佩类玉器的修饰上；还有就是极尽奢华之能事的组佩等奢侈品。而战国玉器在器型上给人的震撼，是构思的大胆巧妙和不拘一格。在这些有限的主题和纹饰中，我们会看到丰富的艺术想象力和千变万化的创造。山东曲阜鲁国故城出土的战国玉器中，那件青黄色的圆雕立马就给我们有耳目一新的感觉。想象那个年代，应是烽火连年、枕戈寝甲的时势，但是那件马的造型，是那样的安然和平稳。这件玉马高57mm，底长23mm，底宽16mm，体积并不算大。在形体的表达上，玉工将它的身躯雕琢得浑圆而肥硕，而将四肢又雕琢得短暂而粗壮，并且肌肉清晰，马蹄分明。这种看似失当的形体比例，实际上很好地表现出了立马的稳健与雄岸。马既为静立，就不再有动态的刻画，因此，我们看到的那马，是昂首竖耳，圆目前视，而口也不再张大了嘶鸣；尾自然下垂并打结，立于方座之上……这种形象，虽然没有了那种金戈铁马的气势，但却也非常恰当地表达了当时诸侯贵族对于强势和安宁的期盼。战国的玉器，在满足

图【050-A】 玉环 春秋—战国 108x4.5mm

性状：玉质不明。沁重。全器呈深褐色及土黄色。双面减地浅琢蟠虺纹。

图【051-A】 玉环 春秋—战国 112×4.5mm

性状：青白玉。玉质佳。边缘有线装红褐沁色。双面饰蟠虺纹。

▶ 图【051-B】 器型参考图例：战国，玉环，山西省侯马市西高祭祀遗址出土。

上层社会心理需求和审美喜好的同时，猜测往往还有一种象征和炫耀国力的功用。否则，大概也不会有那么多风华绮丽、争奇斗艳的美玉精品问世了。

“工精”，首先取决于社会和生产力的进步。这个时期，各路诸侯已日渐摆脱了王室的控制从而形成了自己独有的势力范围，那么，富国列强的政策必然会推动文明的进步，当然也必定会推动玉器工艺的进步。同时，铁器的使用使战国时期的玉工有了更大的用武之地。因此这一时期的工艺，给人印象最深刻的，就是大刀阔斧般粗犷与纤毫毕现的柔美交融为一体，并且在造型上既保持了殷商玉器的灵动多姿，又在修饰上继承和发扬了春秋时期一丝不苟的精神，可谓鬼斧神工。江苏无锡鸿山越贵族墓中出土过一对玉兔，为战国时期最精彩的微雕玉器之一。这对以青玉为材质的玉兔，体积仅为一硬币大小，推测可能为玉串饰之间的连接件。但如此之小的一对玉器，玉工运用写意的手法，准确抓住了此类动物的动静细节特征，大胆构思，剪裁粗犷，而用刀简洁明快。其施艺之精致、雕琢之用心、造型之生动逼真，确实令人叹为观止。战国的玉器就是这样，粗犷处强劲，而纤细处柔美，一点也没有拖泥带水之感。因此如果约略地欣赏战国玉器的工艺，那么阳刚与阴柔的水乳交融，是最需要我们去感悟的地方。

战国时期玉器雕塑艺术所以能有如此辉煌的成果，原因是多方面的。但是其中一点我们认为同样不能忽视，那就是战国及之前封建士大夫们对玉器在精神内涵上处心积虑地发掘与大力传播，在某种程度上可谓功不可没！《礼记》中的“古之君子必佩玉”，就是首先正式提出了作为“君子”的行为规范，使“佩玉”成为得以跻身于上层社会的标志之一，用今天的话来说，这对玉器的普及与推广无疑起到极大的作用。春秋早期的齐国政治家管仲，是最早阐述玉与德两者之间互为关联的一位贤人。及至晚期，孔子又进一步作了发挥，将管仲的九德引申为十一德。这样，“佩玉”非但成为了一种社会地位，更是道德升华的一个依托。那么，还有什么理由不让它登上社会政治、经济和日常生活中的舞台呢？这样看来，战国玉器所以能在五千年中华文明中占尽繁华，封建士大夫们的推波助澜，确实有着不可磨灭的功绩。

▲ 图【052-B】 春秋-战国，蟠虺纹扁勒拓片。

▲ 图【052-C】 器型参考图例：战国，长条形玉饰，河南省信阳县长台关一号墓出土，现藏中国国家博物馆。

▲ 图【052-D】 春秋-战国，蟠虺纹扁勒侧面图。

图【052-A】

蟠虺纹扁勒　春秋—战国

14×40×8mm

性状：白玉。扁平状。双面满工阴刻蟠虺纹饰。一侧受沁严重，上端几近钙化。

佩　玉　将　将

战国玉器中的凤鸟之舒展美

屈原在《楚辞·离骚》中写道："凤凰翼其承旂兮，高翱翔之翼翼。"说的是大路朝天、彩旗飘飘，在一支浩浩荡荡的队伍之上，头顶那引路的凤凰，时而翼翎擦着锦旗盘旋，时而在云天任意翱翔。这不，凤凰在这位诗人的杰作里，被描绘成吉祥而又美丽的尤物，不能不令人产生美好的联想。战国时楚人尊龙崇凤，在此可见一斑。

如前所述，对凤鸟的狂热崇拜和宠爱，在西周时候就已见端倪了。周人在对商代甚至更早时候林林总总的鸟形物种做了认真地比对和筛选之后，最后只留下那种长颈勾喙、翼羽丰满的鸟类，当作神物，被欣赏和顶礼膜拜。到战国和汉代，凤鸟在王家贵族的使用器物中，几乎成了无所不在的题材，玉器自然也是如此。

但是即便这样，战国时期的凤鸟型玉器，则多被雕琢得多姿多态、风华各异。而舒展之美，是我们欣赏战国凤鸟型玉器的最突出的感受。

图 53 的玉簪，是一件良玉好工的杰作。这件以凤鸟为主题的饰品，其奇妙的构思就首先让人有耳目一新的感觉。它根据器物的形制特点和实用需要，以一扁平状的凤鸟作为簪首，矗立于锥柱形簪体之上，使一件普

图【053-A】 玉凤首形笄 战国—汉代 141×15mm

性状：白玉。玉质精良，质白无瑕。簪首琢一立凤，俯首翘尾，风姿潇洒。

通的玉饰器立即变得妙趣横生。所以说构思奇妙，我们可以看凤鸟的形态：它是立着的，昂首引颈，身姿前冲；长尾后卷，显得矫健而又委婉曲折——这样的造型，很好地解决了图案的均衡和整个器物重心的协调，既有一种舒展的美感，又有很好的实用性，是形式为内容服务的非常成功的创作典范之一。

图 54 是一件独立成器的凤鸟型玉佩。这件玉凤，同样是白玉质地、厚片状半圆雕作品。在它身上，既有写实的成分，也有适度的夸张和美化的因素。写实是因为它具备了作为凤鸟的全部特征：尖喙、长翼、短冠；颈稍后仰，头略前倾，胸脯饱满凸挺；后腿蜷曲往后收缩，呈平直向前站立状。这样的凤鸟，站立着，是一种神采奕奕的样子；如果起飞，那么一定就会有屈原诗中“高翱翔之翼翼”的潇洒了。而夸张与美化，是为了突出这一吉祥之鸟的华丽与可爱：将上卷的长尾作分歧处理，并在翅翼与凤体的重心比例，尾端与头、冠的衔接上，在对应性

◀ 图【053-B】 战国-汉代，凤首形簪背面图。

◀ 图【053-C】 器型参考图例：战国，凤首形簪，山西省长治县分水岭出土。

▶ 图【053-D】 战国－汉代，凤首形簪局部。

▲ 图【054-B】 战国－汉代，玉凤形佩背面图。

与和谐性的安排布局上，都处理得非常得当。赏玩这样的玉器，会有一种舒缓的愉悦的感觉。

战国时期的凤鸟玉器，有时会有一种出其不意的艺术形象，出现在我们的面前，叫人惊叹。有不少考古发掘的出廓玉璧，变形而又飘逸灵动的玉凤是常常能打动我们感官的一种形制。出廓璧上的凤鸟，大多是依形而设，是为了形制美观和协调的需要。因此，玉工总是调动各种艺术手法，抓住凤鸟舒展飘逸的形体特征，或变形、或抽象、或夸张地创造出一个个气韵生动的凤鸟形象。玉璜、佩饰，也不例外，是凤鸟依附的最好的器物。图 56 的那件白玉龙凤出廓玉璧，下方两端的一对凤鸟，就是做了变形处理。这对凤鸟，对于整器的作用，是为了达到“平衡”的效果：一是与龙对应，追求阴阳的平衡；二是双凤两相对称，为了玉佩器体的平衡；三是曲折身姿，与游龙、圆璧在形状上取得浑然一体的平衡。这三种平衡的效果结合在一起，给予我们视觉上的感受，就有动人心魄的冲击。这里，相对于作为主题中心的龙以及作为一件佩饰物的附属，凤虽然只是处在一个不太重要的位置上，并且被简化和变形成一个比较抽象的形象了，但是它在整个主题中的"绿叶"作用以及它对于构成这件佩饰器的完美性上，显然具有不可忽略的意义。

再回到图 55，同样一对做了艺术化变形手法处理的凤鸟。由于器型较小，因此它们可能是串佩中的组成部分。玉凤为青白玉质，长方片状。在这对凤鸟身上，我们看到了因尽情舒展而变得柔美的形体，被做了恰如其分的夸张表现。这种构思的灵感，可能来源于西周时期的团身玉凤。只是西周的团身玉凤，大都是正向的，身姿顺着勾喙组成一个圆。而这对玉凤则是以后翘的尾翼绕过头际，蜷曲成一个不规则的环。这种创意，让我们联想到舞台上做杂技的女孩，是怎样的竭力来通过身体扭曲的表演，来展示她们的柔美的形象。当然，蹩脚的比喻，不一定就能完全道出事物的真谛。欣赏一种艺术，你自身的感悟，才是重要的。

凤鸟的美，确实在于它们曲折有致的形体变化和风情万种的美丽。

▲ 图【054-C】 器型参考图例之一：汉代，鎏金鸟兽纹尊之凤鸟，选自《华夏文明史》第一卷（中国博物馆编著，朝花出版社出版）。

▲ 图【054-D】 器型参考图例之二：汉代，玉凤，江苏省徐州市博物馆藏。

图【054–A】 玉凤形佩 战国—汉代 62×40×9mm

性状：白玉。一侧褐红色沁较重。凤呈立状，尾上卷，挺胸展翅，姿态优美。

图【055-A】 玉凤形佩 战国—汉代 57×22×4mm

性状：淡黄色玉及白玉。一对，凤身大幅后仰，形态夸张。

▲ 图【055-B】 战国–汉代，玉凤形佩背面图。

佩　玉　将　将

战国玉器中的玉龙之张力美

在玉器型、纹中，最能体现战国时期风起云涌的时代特点的，是玉龙。战国时期的玉龙，极具张力之美，是任一时代的玉龙所不能比拟的。商代之前，玉龙是一种纯粹的图腾形象。商代的玉龙，为了表现它们的凶猛，用星形来镂雕嘴部，那是一种不得已而为之的创造，原因在于对于龙这种带有神话性质的勇猛的动物，尚缺乏一种内在的把握。只有战国的玉龙，极尽强健、刚强、张扬之美，常常给人一种蓄势待发和剑拔弩张之感。

对一种所创作的艺术对象内在的把握是否正确，取决于艺术家对时代精神的理解和把握是否正确与得当。战国时期的玉龙所以能雕琢得生气勃勃，成功的原因就在于时代精神造就了这种独领风骚的艺术。

于是，所有的创意和细节都为这种艺术服务。

在整体上，先看形体。战国时期玉龙的形体，大多呈现出一种热烈奔放、桀骜不拘的态势。为了表现好这种态势，战国的不少玉龙，都雕琢成各种各样的类似于S的形状，即坊间习惯于叫做“S龙”的那种。选取这种S形状的好处，在于一是能体现龙的巨大而曲折多姿、回旋自如的身体，二是龙的富有力度的蜷缩状态是体现其具有极大张力之潜质的反衬，

◀ 图【056-B】 战国-汉代，龙凤出廓璧拓片。

它给人展示的，不只是一种守势，而是一种攻力。三是S的形状具有一种蜿蜒起伏的曲线美，在张扬之外，可以增加更多的美感。这就是S形龙能够起到让人心灵震撼的艺术效果的原缘。

在细节上，战国玉龙的刻画，比较重要的是头部。玉龙的头部，大都翘唇、张口、竖耳，束须毕现。作佩饰的玉龙，唇、颚常呈斧头状，看似血盆利口，故又被叫做“斧头嘴”的。眼则以椭圆形及滴水形居多。椭圆形的眼睛，常常刻得非常圆润工整。它的难度，显然比用管钻划出一个圆形眼睛来要大得多。玉工所以舍简就繁，还是为了使玉龙的神态更显生动。而更繁缛的是滴水眼的刻法，它常用斜刀深挖减地突起的手法，使龙目饱满而富于立体化，显得更为炯炯有神。集束纹发须也是战国玉龙中一个用心雕琢的部位。在嘴角或唇下，那种纹丝不乱、纤毫毕现的线条，在工艺上具有十分鲜明的战国特点，富有观赏性。在这些细节上，玉工一丝不苟的精神是触目可见的。一些仿品的败笔，不是在这儿便是在那儿，这是因为那些细节的刻画，需要倾注你十分的精神和十二分的用心。电脑复制只能做到形似，工艺进步也只能进行机械的克隆，但神似的功夫，则是身心的投入。“形神兼备”与“活灵活现”的玉雕作品，只能出现在那个年代。

图【056-A】 龙凤出廓璧 战国—汉代 107×97×5mm

性状：白玉。片状。沁染鲜明，层次丰富。璧中间镂雕一龙，下端两边各琢一凤。

无论是整体还是细节，战国玉龙，多数是构设在璧、璜等佩饰件的纹饰中，因此有一种趋于定格化的模式，举一反三地出现。虽然有定格化的情况，但依然充满了创造和创新的活力，我们还是可以从中捉摸到一些理解战国玉龙的主要的规律，那就是内涵、形制和修饰手段。而饶有意思的是，也有一些同时期的玉龙，除了内涵相同外，在形制和修饰方法上，则完全摆脱了相似的格局，形成自己独特的个性形象特征。湖南省博物馆的那件双龙合体形玉环，将两个龙首相对咬合蜷成一环，就是做了变形处理。江苏省鸿山越国贵族墓中的一件双龙形柱状玉器，是在一根长条形柱的两边各雕两条回首弓身的玉龙，形成对称的姿态，虽气势稍有减弱，但因写实和装饰性较强，因此就显得比较独特耐看。可见战国的玉龙，也是有百花齐放的艺术发挥。

本书展现了战国时期多件不同表现形态的玉龙，是可资品鉴和参考的范例。它们的倜傥奔放、它们的威武、它们不可一世的张力，以及它们咄咄逼人的气势，一句话，它们身上所散发出来的精、气、神，如果稍加体察，读者是不难分辨并为之而吸引的。

▲ 图【057-B】 器型参考图例：战国，玉鸟，选自上海科学技术出版社 2008 版《故宫博物院文物珍品大系（玉器）》。

▲ 图【056-C】 器型参考图例：战国，凤纹出廓璧故宫博物院藏。

图【057-A】 螭凤玉佩 战国—汉代 61×30×34mm

性状：白玉。圆雕。背有黑色沁状。主体为凤，凤首有一端昂首相对。

佩 玉 将 将

战国玉器中的龙凤合体之和谐美

严格地讲，龙、凤的结合，盛行于战国，而波及于两汉，这是一个无可置疑的事实。这种阴阳调和、顺应四时的吉祥文化，是中华民族精神宝库中的重要内容之一，也是战国“君子”们对这个文明成果的一大创造性贡献。

龙、凤一体，是追求一种阳刚和阴柔的完美结合。这无论在社会学、生物学、哲学与美学上，都是一种进步的发现。就像夏与冬、日与夜、男与女、生与死等等一样，相辅相成才能构成这个具有无限生命力的大千世界。就个体而言，它们之间有着强烈的反差，但从人类社会的发展规律来看，这又是一条颠扑不破的真理。因此，龙与凤合体，在内涵上是追求一种生命的互为因果的和谐，而在形式上，则是追求一种相得益彰的物象之美。

战国玉器上的龙、凤合体，是怎样做到这种和谐和美的呢？我们觉得，大致在这样几个方面的处理，可以给我们一定的启迪：

形体比例。得当的形体比例是让我们产生和谐和美感的首要前提。战国时期的龙凤玉佩，可以有以龙为主体的，如安徽博物馆所藏战国晚期的S形龙凤合体佩；也可有以凤为主体的，如湖南省博物馆所藏的那件双凤单龙合体佩；还可以是龙、凤不分主次、互为映衬，如河北省博物馆所藏

图【058-A】 凤首龙身佩 战国 66x42x3mm

性状：青玉。片状。镂空雕凤，龙体。身饰云纹。已严重钙化。

◀ 图【058-B】 器型参考图例：战国，龙凤合体佩，湖南省博物馆藏。

的龙凤合体佩等等。这几种搭配无论出现哪一种情况，除了主题角色的切换之外，在美感上不会有丝毫的影响。为什么会产生这样的感觉？那是因为不管龙与凤的主题如何变化，但是玉工在雕琢这样的器型时，十分注意布局的分配与调整，因此形体的比例都被安排得恰到好处的得当。龙为主，则凤体可以退居为次，作为点缀；凤为主，则龙亦可摆谱衬托；龙力显强势，则凤略呈低调，甚至还有种小鸟依人般的伶俐；龙为左，则凤为右；凤为左，则龙为右，等等，一切都是为了突出龙凤主题这种佩饰的精致美观。形体上的对称、反衬与平衡，便是在视觉上得到这种美的感染的根本。

形态对比。形体是一种布局的艺术，而形态则是表现精神面貌的艺术。也就是说，如何将龙的阳刚之美与凤的阴柔之美充分地挖掘出来，以给这种类型的玉器注入生命的活力，其功夫也不在造型之外。在一件龙凤合体的器物上，如果龙被刻得够威风够张扬，那么凤的形象也就相应的表现得更有张力或更为柔美。还是以安徽省博物馆所藏的那件S龙凤玉佩为例，作为主体的龙侧目回首，盘旋扭曲的身姿充满着不安的动感。从形态上看，这是一条矫健凶猛的玉龙。与此相比照的，龙身所附两凤的形象

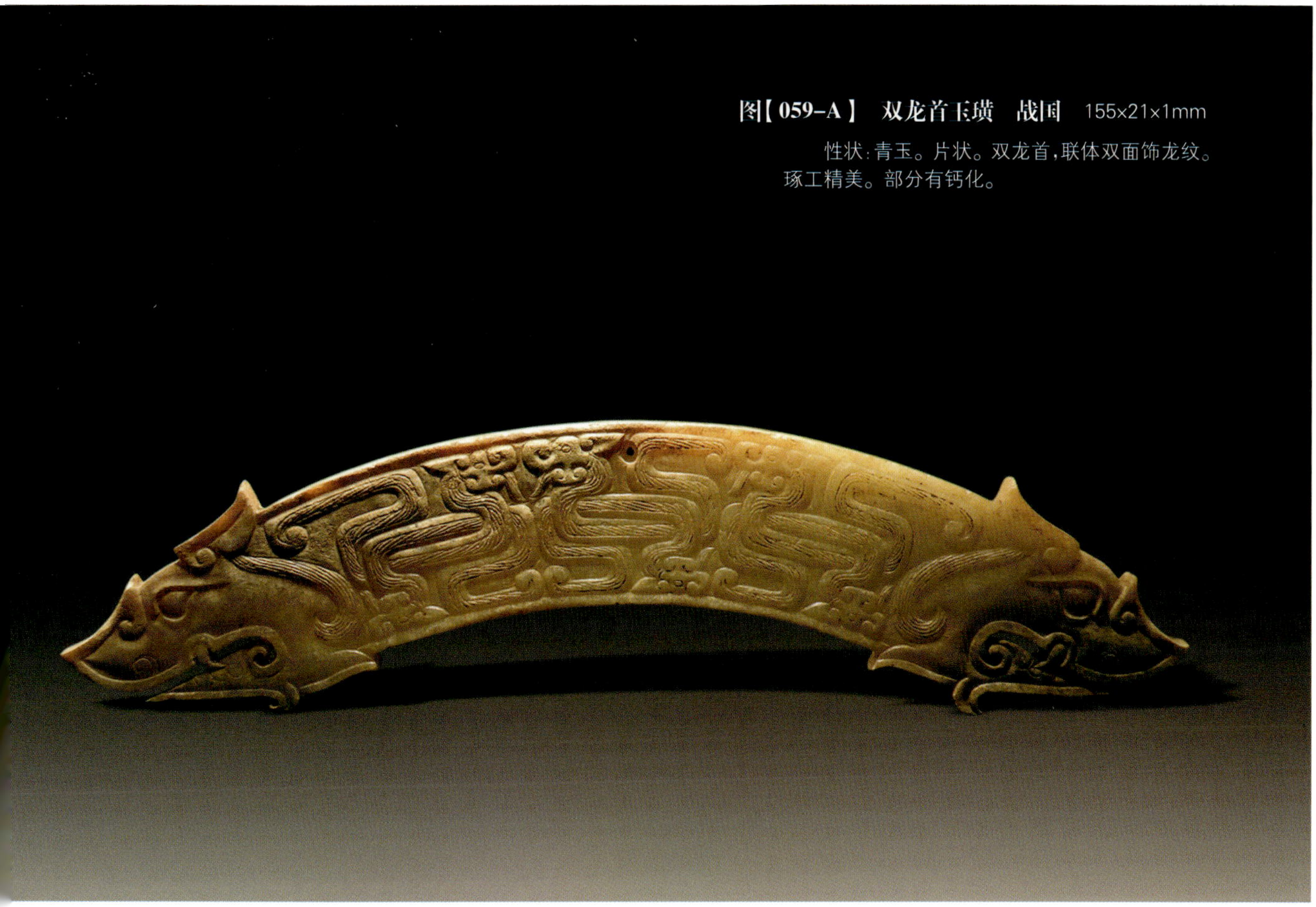

图【059-A】 双龙首玉璜 战国 155x21x1mm

性状：青玉。片状。双龙首，联体双面饰龙纹。琢工精美。部分有钙化。

虽然同样充满着生命的活力，但从形体神态上看，它显然只是龙的一种依附了。首先，它借助于龙身作为自己的体貌，体现了甘当陪衬的角色。其次，凤首下垂，与龙首上扬在姿态上形成了反差，其神情表现也完全与龙形成了不同的韵味。再次，与龙身大幅度的曲线弧度相比，凤鸟的曲线幅度被大大地简化和抽象化了。而内在精神上张、合的跌宕起伏，在对龙、凤做不同形态的处理中，被淋漓尽致地表现了出来。诸如这些形态上的精心处理，便使每一件以龙、凤合体为主题的佩饰，在艺术意境上起到了让人回味无穷的效果。

形式的创新与多变。龙、凤合体玉佩在战国的流行，使我们有幸欣赏到了各种各样生动活泼的龙飞凤舞情景。那种情景所以至今都百看不厌，是因为那些大胆新颖的构思、奇丽多变的组合结构，以及妙笔生花般的刻画，使龙、凤合体这一充满着奇绝幻想的玉佩主题形式，呈现出千姿百态的局面。在这里，我们几乎看不到千篇一律的框框，每一件玉佩都是一种

▲ 图【059-B】 战国，双龙首玉璜拓片。

改变和创新。在这些不断改变和创新的形式中，有的是突出气势的恢弘，有的是显现刚柔相济的和谐，也有的是从佩饰形制的需要出发，只为表达一种美好的神话般的寓意。因此龙、凤的塑造，也就呈现出各个不同的形象。在进行这种佩饰的设计中，我们常常会看到玉人巧妙精当的构思，以及大刀阔斧的剪裁和富于生活情趣的构图。有龙身与凤体互相缠绵交织的，如流失于海外的那件青玉质龙凤合体佩和安徽省巢湖市博物馆所藏的有铭白玉龙凤佩，在写实的基础上对形体和线条做了适当的变形和美化处理，使两件玉佩在欣赏和实用性上，兼具了极高的艺术水准和价值含量。有龙与凤作虚实相间互为映衬的，如山西省考古研究所藏青玉龙凤形玉佩，器型为一拱曲回首的青龙，而尾部则为一曲颈勾喙的凤鸟所替代。这里，龙是这件玉佩的实体，而凤被做了简单抽象的处理，这种奇特的处理方法，非但只是一种组合上的变革，而且对于我们理解这

▲ 图【059-C】 战国，双龙首玉璜局部图片。

▲ 图【059-D】 器型参考图例：战国，龙纹玉璜，现藏美国佛利尔艺术陈列馆。

图【060-A】 双龙首玉璜 战国 102×29×4mm

性状：白玉。因质变部分玉质呈糖色。双龙首。龙背曲成拱形。一侧有少许水沁。

◀ 图【060-B】 战国，双龙首玉璜拓片。

◀ 图【060-C】 器型参考图例：战国，玉璜，河北省平山县七汲村中山王墓出土。

图【061-A】 镂空双龙首玉璜　战国 130x38x4.5mm

性状：青玉。玉质钙化严重。镂空雕琢回首双龙。器型大气精湛。

件玉佩的内涵，同样会提供更多崭新的感受。也有以龙为中心、一龙多凤以凸显龙的王者地位的。如山西省博物馆藏一对青黄色镂空玉佩，其构思就十分奇巧：一兽首顶起一条盘曲多姿的玉龙，龙为双首一体，在龙身的镂空处，则琢有两只呈跳跃状的凤鸟。凤鸟朝向不一，刻画简洁，但形象灵动逼真。从体形比例看，娇小的凤鸟与硕大的龙体形成了鲜明强烈的对比，因此也似乎能看出两物主宾地位差异——凤只能是龙体的依附与点缀。同样的例子还有浙江省安吉县龙山1号出土的鸡骨白质一龙双凤玉佩，也很耐人寻味，这是因为，在战国的那些龙凤合体形玉佩中，如果以双龙双凤成为玉佩的组合，它所表现的美学和象征意义还比较容易为人所理解，那么以一龙双凤或多凤的组合，它的象征意义又是什么呢？——古代玉器的魅力，就在于它能不断地给人留下值得玩味的想象空间，这一点也不错。

战国龙、凤合体型玉器的和谐之美，使玉器艺术呈现出焕然一新的气象。在我们每每品赏、领略中国艺术宝库中这种意境超然、构思奇诡、款式绚丽、工艺精绝的玉器的时候，我们的精神世界，确实也同时得到了一次升华。我们说，这便是享受——一种任何物质内容所不能替代的人生享受。这种感觉，相信每一个嗜古爱玉的同好，概莫能外！

▲ 图【061-B】 器型参考图例：战国，透雕双龙纹玉佩，河南省信阳县长台关一号墓出土 现藏中国国家博物馆。

▲ 图【061-C】 战国，镂空双龙首玉璜拓片。

佩 玉 将 将

从“尸子”说玉看战国时期的识玉观

尸子，名佼，战国时期人。知道尸子的人可能不多，但要说到商鞅，说到两千多年前秦国那场著名的“商鞅变法”，便都会熟知。而尸子其时作为“秦相卫鞅客”，则正是这场改革的积极策划与参与者之一。刘向在《别录》中说，“卫鞅商君谋事划计，立法理民，未尝不与佼规之也。”可见尸子与商鞅原来还是志同道合者，而且关系非同一般。公元前338年，孝王卒，惠王即位，商鞅被诬为谋反而遭车裂。尸子惧怕受累，旋即隐匿于蜀，到老终生。其间传著书述说，经后人整理，是谓《尸子》。

尸子留下的文字不多，主体为13篇，加上一些散佚的文字，篇幅也极其有限。从反映的思想看，基本上属于杂家。行文中有些说玉的，从取材、相玉、工艺、价值观等等方面，表述过自己的见解，可以看出他对玉器的认识，起码也算得上半个行家。

一、取材：

●清水有黄金，龙渊有玉英。（散见诸书文汇辑：《艺文类聚》八）

用我们现在的话来说，好的籽儿玉，是从深水中捞出来的。这在今天是常识，但在古时具备这样的认识，也算是一种发现。

●取玉难，越三江五湖，至昆仑之山。千人往，百人反；百人往，十人至。中国复十万之师，解三千之人。（散见诸书文汇辑：《意林》）

和田玉的珍贵，在这里可见一斑。原来去昆仑取玉，不光路途遥远，而且还得以生命为代价。从“往”与“反”的比例，以及欲解救采玉“三千之人”，得复灭中原“十万之师”的描述来看，玉材的取得，实非易事。这样再去看《完璧归赵》，体会一块白璧何以价值连城的故事，就感到一点也不会奇怪了。

二、相玉：

●譬之犹相马而借伯乐，相玉而借猗顿也，亦不必过矣。（《尸子·治学篇》）

有伯乐相马，得到的一定是匹好马；有猗顿来鉴定玉器，也一定不会出错。这里尸子提到了一个战国时代鉴定玉器的人：猗顿。据史载，猗顿原为鲁国人，后去晋地发展，以畜牧业起家，又经营池盐，可能还兼以贩卖珠宝玉器，成为名倾一国的商贾巨富。以这样的一种实力，因为拥有了不少货真价实的“真家伙”，使他对玉器的鉴定自然也便有了最好的发言权。这就是最简单的“实践出真知”的道理。猗顿对玉器的鉴赏水平，《淮南子·汜论训》也有过记载：“玉工眩玉之似碧卢(一种美玉)者，唯猗顿

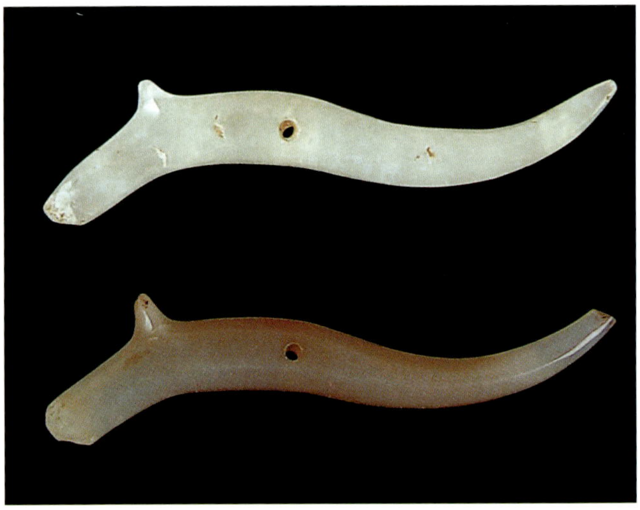

▲ 图【062-B】 器型参考图例：春秋晚期，玛瑙玉觿，山西省太原市金胜村赵卿墓出土。

▲ 图【063-B】 战国，龙纹觿形玉佩背面图。

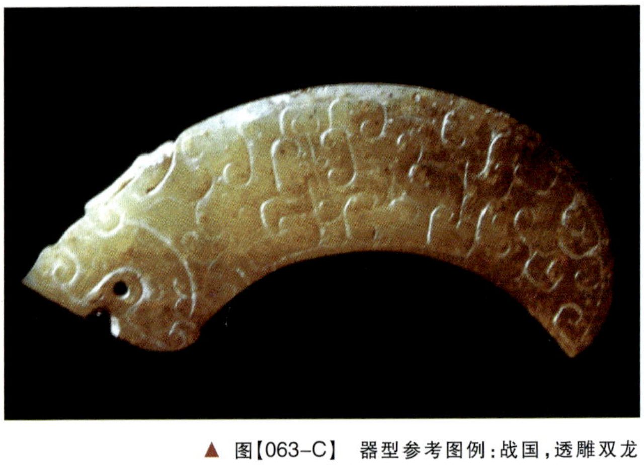

▲ 图【063-C】 器型参考图例：战国，透雕双龙纹玉佩，河南省信阳县长台关一号墓出土。

图【062-A】 玛瑙玉觿 战国 90×10×10mm

性状：白色玛瑙。柱状。抽象龙形。边端蚀严重。头部有孔，供系佩。

◀ 图【063-D】 战国，龙纹觽形玉佩拓片。

不失其情。”相信他的鉴玉水准，在其时确实是行中高手！

●玉者，色不如雪，泽不如雨，润不如膏，光不如烛。（散见诸书文汇辑：《意林》）

这是尸子自己总结出来的鉴玉经验。实际上，他也是从另一个角度引导我们不要进入识玉辨玉的误区：如果颜色白得像雪花、光泽亮得像雨滴、表面滑润得像脂膏、光芒刺眼得像火烛，这样的情况，大致都不是好玉。当然，这种观点不单是对古玉而言，如果一些新玉收藏爱好者，综合地借鉴这样的一些表象感觉，那么用心去体味尸子的经验，对于选一件自己喜欢的真玉或好玉，或许也是有所帮助的。

三、琢玉：

●昆吾之剑可以切玉。（散见诸书文汇辑：《山海经·中山经》注）

这应该是讲治玉工具。可以看到古文选中多有这样的记载。《云笈七签》卷二十六云：“上多山川积石，名为昆吾。冶其石成铁作剑，光明洞照如水精状，割玉如泥。”“昆吾”应为夏代一部落，产铜矿，善炼铜。所谓“可以切玉”、“割玉如泥”等等，是指以金属工具出现之前相比较并且融入了其他先进工艺手法治玉的一种夸张。但从这些记载看，青铜的出现并且应用于治玉的年代，似乎确实可以远推商代以前好多。

图【063-A】 龙纹觿形玉佩 战国 84x26x4mm

性状：青玉。龙形。器身肥硕。双面饰云纹。间以少许黑、白沁色。

▲ 图【065-B】 战国，龙形佩玉佩局部图。

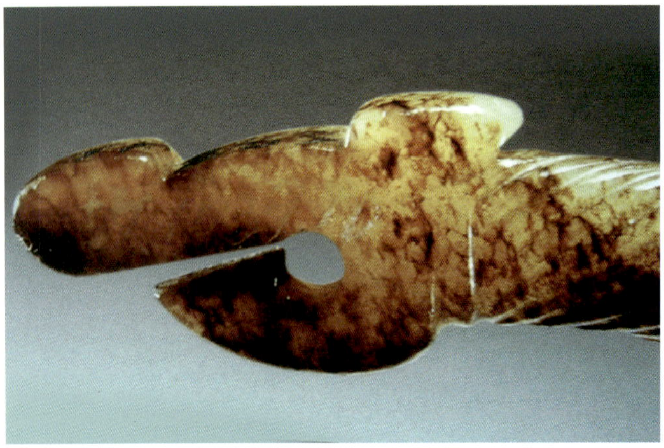

▲ 图【065-C】 器型参考图例：战国，龙形佩（局部），商代 玉龙 选自上海科学技术出版社2008年版《故宫博物院文物珍品大系（玉器）》

四、鉴赏：

●夫买马不论足力，而以白黑为仪，必无走马矣；买玉不论美恶，而以大小为仪，必无良宝……（散见诸书文汇辑：《艺文类聚》五十三）

时下我们不少的古玉收藏“大家”的亏，往往就吃在“买玉不论美恶，而以大小为仪”上。尸子认为，就是真品，也有“美恶”之分，而“大小”是绝对不能说明真假美丑的问题的。如何区分？一言难尽。不过有一点可以肯定：历史文化内涵和审美趣味的提高具有十分重要的作用。

●家有千金之玉而不琢，犹之贫也，良工治之，则富弇一国。（散见诸书文汇辑：《太平御览》四百七十二）

这个意思跟“玉不琢不成器”所表达的意思是相似的。你有再好的一件玉料，但未曾雕琢，那么它的价值还是没有体现出来，你当然依然是一个穷光蛋。而经过好的工匠雕琢成器，那么你就立马变得富可敌国。这个理念是对的，但现在有好多人不相信。现在有专玩玉料的，而且还有“玉不琢”的说法，按尸子的理念，大概都会不屑于去提倡。

五、价值观：

●曰：“富乎？义乎？”曰：“义。”是故子罕以不受玉为宝。（散见诸书

图【064-A】 龙形佩 战国 40×36×3mm

性状：白玉。片状。龙身蜷曲呈半圆形环状。双面阴线精密。头部有红褐色沁痕。

◀ 图【065-D】 器型参考图例：战国，玉龙，台北故宫博物院藏。

文汇辑：《太平御览》四百廿一、《天中记》六）

“子罕弗受玉”的故事在春秋战国时候似乎很流行。《左传·襄公十五年》中也有记载，尸子引用了这个故事，来阐述自己的思想。说的是宋国有人得了块玉，拿去献给时任司城的官员子罕。子罕不接受。献玉者说，此玉给人鉴定过，是宝，才敢献给你的。子罕说，这我相信。但你的宝物是这块玉，而我的宝物则是“不贪”，若是收下了你这块玉，那么你和我的宝物岂不都丢失了吗？还不如各自留着自己的宝物好啊！尸子觉得，在“义”与“富”之间，取义舍得，无疑才是君子的作为。联想到现世的诸多欲壑难填的贪官污吏，能看看这样的故事多好！

●人之言君天下者，瑶台九累，而尧白屋……（散见诸书文汇辑：《文选·辨命论》注）

“瑶台”是指美玉砌成的台；“白屋”则是用白茅覆盖的平民住的屋子。古代也有腐败与清廉的德行。高官厚禄而家财万贯、奢侈骄横者，必为后人所耻骂。尧成了君王之后，依然是老百姓的“住房标准”，而不是藏珍敛宝，视百姓疾苦而不顾。尧远瑶台而近白屋，也是尸子所赞赏的一种美德。所以尽管玉是珍贵的，而更为珍贵的是一种好的品德。

图【065-A】 龙形佩 战国 110x18x6mm

性状：白玉。方柱状。大部钙化。龙首前伸，尾分叉，上卷。构思奇特。

◀ 图【066-B】 器型参考图例：战国，凤纹玉璜，安徽省博物馆藏。

●桀为璇室瑶台，象廊玉床。权天下，虐百姓。（散见诸书文汇辑：《太平御览》八十二）

与尧形成强烈对比的是夏桀。夏桀一朝权倾天下，便非但砌“瑶台”，而且拥有 “璇室”（以美玉装饰的房间）、“象廊”（象牙装饰的走廊）、“玉床”（白玉制成的床），“纵欲长乐，以苦百姓。”在尸子的眼中，这样的骑在人民头上作威作福的君王，即便拥有了如此多荣华富贵，到头来还不是成为了历史上“不齿于人类的狗屎堆”？！

从这些“断章取义”的文字看，尸子对于玉器的来源、辨识和鉴赏都有很好的见解。这些见解，今天可能都被人背得滚瓜烂熟了。但须知，这些出自两千多年前的言论，在其时还是难能可贵的治玉经验。

图【066-A】 玉璜 战国—汉代 157×58×5mm

性状：白玉。方柱状。半圆形，饰谷纹。顶部镂空装饰，下琢双凤，纹饰华美。

“坑口”与古玉表象差异

我们在欣赏各地出土玉器的时候，常常为各代古玉缤纷璀璨的光色吸引得流连忘返。于是对于展示于各地博物馆或发掘报告图录中那些古代玉器的表象特征，每每都有关注和研习的兴趣，发现不同地域、不同地点出土古玉的玉表与色泽，分别展示了各种不同的沧桑和古朴。而同时，这种不同的沧桑和古朴之美，会给我们对于古玉的鉴识，提供一个非常重要的启示，那就是：古玉的表象特征，通常都会打上鲜明的地域性印记。说明前人所提及的“坑口”辨识古玉真赝的经验，是值得我们予以充分重视和重新认识的。与“一方水土养一方人”的道理一样，“一方水土养一方玉”的说法，同样也是有一定的道理。

可以肯定，地域地理结构特点（也即“坑口”）对于古玉的表象，具有确定的影响。其形成机理，也是错综复杂不一而足，所以才有干坑、湿坑、山坑、土坑、净坑、肮坑等等之说。我们现在暂且撇开那些改变玉器质感与表象的外因条件不论——因为那是涉及到另外一些学科领域的学问——不妨从鉴藏与赏析的角度来看看，那些沉睡千年而又重见天日的古玉，一旦现身于各个不同的出土地域，是如何以千姿百态的风采，向世

图【067-A】 龙凤形佩 战国 88×76×4mm

性状：青黄玉。玉质大部钙化呈灰白色。龙凤合成一体，凤衔一小蛇。

◀ 图【067-B】 战国，龙凤形佩拓片。

人展示自己的别一种面貌的：

一、同地区古玉“坑口”形态的相似性特征。我们先来看看广东广州南越王墓和江苏徐州狮子山楚王墓这两个同一时代（西汉）、同一级别（诸侯王）但属于不同地区的出土玉器，其玉表无疑显示了两种截然不同的特点。我们可以通过鸟瞰式扫描，对这南北不同地带的汉代玉器，首先形成了一个较为强烈的总体印象：或“斑驳”或“纯净”。这种鲜明的色感差异的总体印象，代表了不同坑口玉器的概貌，它对于我们把握古代玉器的地域差异无疑具有十分有益的借鉴作用。由是，只要我们细加观赏，不难发现，在考古发掘中，任一地区或地点的出土玉器，在玉器表面征象的表现上，无论是光泽、色彩、沁色及凝结物的性状，尽管千差万别，但只要是出于相近地域或同一“坑口”，总是有着大致相似或相近的特征，所有的器物，就好像是披着同一件外衣，呈现在你的眼前。而特别需要提出的是，这种玉表同一性的现象，几乎具有普遍性意义。也就是说，同一年代不同地域的出土玉器，由于地理环境的不同，它们所集中表现出来的概貌，可以是这样的，也可以是那样的，而就某一特定地域来说，它们必定具有自身明显的表象特征——但是这并不影响它们所蕴含的真实时代信息和历史内涵。这就告诉我们，玉表的成因与时代特征之间的联系其实并无规律可循。只知其一不知其二是片面的，而只知其一否认其二更是错误

图【068-A】 S形龙纹佩 战国 70×32×4mm

性状：白玉。片状。尾部沁重。龙曲颈回首，拱背，卷尾。双面饰谷纹。

▲ 图【068-B】 战国，S 形龙纹佩拓片。

▲ 图【068-C】 战国，S 形龙纹佩背面图。

▲ 图【068-D】 器型参考图例：战国，龙形玉佩，江苏省无锡市鸿山镇越国贵族墓出土。

的。那么，由此看来，古玉之“古”，同样必须透过现象看本质，并且不为表面现象所拘泥。因此，回到鉴藏现实中来，涉及到一件具体的古玉藏品，如果仅仅是因为玉表征象的陌生（色泽及质感与既定印象发生误差），而在材质、纹饰、工艺特征、时代风格等等综合方面找不到可以挑剔的破绽，那么，我们在取舍上不妨慎重待之，而不应武断否决。笔者认为，有时，经验往往是靠不住的，而借助于“坑口”概貌来理解并认识古玉，虽然并不能解决鉴藏实际中的所有难点，但是对于进一步拓宽我们的视野和改变教条主义的思维方式，相信依然有着不可忽略的意义。

二、玉表的相似性“坑口”特征与个体差异。就整体而言，地质条件决定玉表，并昭示着古玉的地域符号。除了如上所述的南北地域汉代玉器之外，只要对考古发掘成果报告稍加观察，我们就会发现这样的事例不胜其数。再把历史上推，同为东周时代，位于长江中游地区的湖北曾侯乙战国墓中的玉器，与位于长江下游地区的江苏无锡越国贵族墓中的战国玉器，除了材质与审美风格等

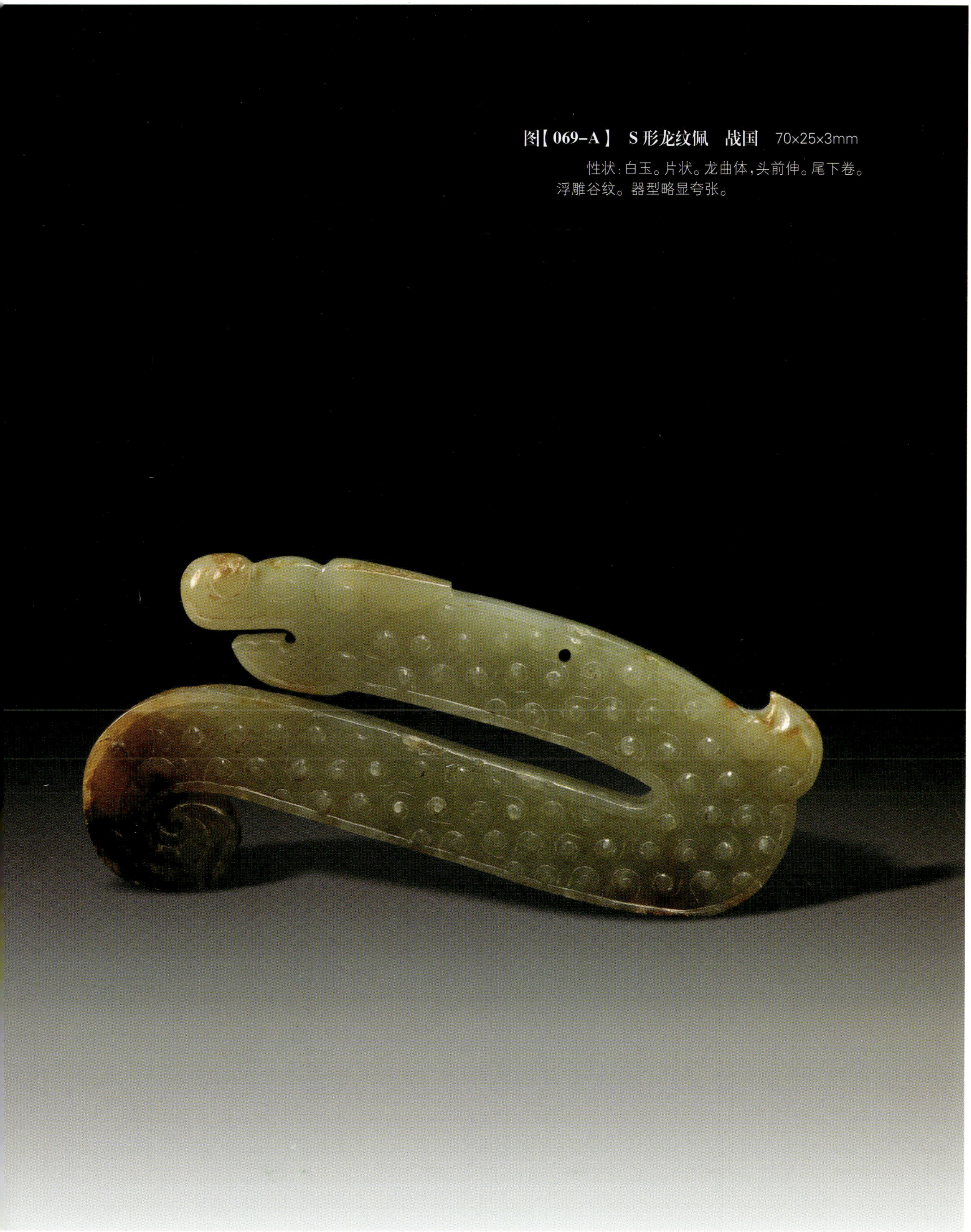

图【069-A】 S形龙纹佩 战国 70×25×3mm

性状：白玉。片状。龙曲体，头前伸。尾下卷。浮雕谷纹。器型略显夸张。

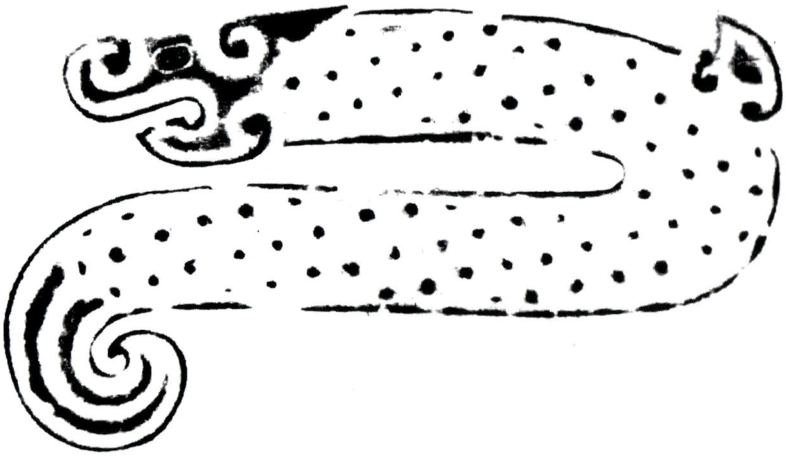

◀ 图【069-B】 战国，S形龙纹佩拓片。

等方面的差别，在玉器的表象特征上也同样表现出了迥异的地域特点：前者大多质地润泽、晶莹剔透，后者则显得沁蚀斑驳、钙化严重。当然，类似的佐证我们还可举出很多。可是话得说回来，虽然这种总体上的色泽和质感概念，是加深我们理解并辨识同一时代不同地点出土玉器表象的重要信息，但是，我们还是需要特别地指出，关注古玉“坑口”的玉表概貌这一宏观现象，并不等于说它就是千篇一律的公式。任何事物都有多重性。对于入地千年以上的那些古代玉器，即便身处同一个地域，并且承受着同一处水土及其矿物质的浸染，但任何一点不同的外界客观因素（比如存放位置、地势差别等等）都有可能改变它的质地，从而影响它的面貌。这就是普遍性之外的个性特点。如果仅凭对同一地点或地域“坑口”经验为标准来辨识，而

▲ 图【069-C】 战国，S形龙纹佩背面图。

▲ 图【069-D】 器型参考图例：战国，龙形玉饰，选自上海美术出版社2009年版《上海博物馆藏品研究大系（中国古代玉器）》。

图【070-A】 S形龙纹佩 战国 1270×135×6mm

性状：青玉。片状。龙曲身回首。双面阴刻谷纹。气势张扬。

◀ 图【070-B】 器型参考图例：战国—西汉，龙形佩（局部），选自人民美术出版社2003年版《中国古代玉器艺术》。

忽视了事物的综合因素和个性特点，不作辩证思考和认识，那么，得出的结论，也许会发生严重误差，有时，还可能是南辕北辙的。我们在鉴藏实践中，就不止一次地发现一些古玉藏家，因为局限于对“坑口”的地域特点和特殊性的全面认识，又囿于僵化定势的思维方式，面对那些个人经验之外的古玉，或显得茫茫然不知所措或断然予以否决。须知，这正是你错失“捡漏”良机的一种失误，并且也正说明如果要使自己的辨玉赏玉水平得到不断更新和提高，那么还有许多课程需要补习。在以眼学为主要辨识经验的古玉鉴别中，既熟识一些地区基本的地域地貌所形成的“坑口”特点，又能辩证地把握寓于共性之中的个性差别，仔细揣摩，综合体味，并注意经常领略并积累这样的信息和知识点，只有这样，才能使我们在日常古玉鉴藏活动中的眼力，不断得到修正和提升。

三、玉表“坑口”之“异”与时代风格特点之“同”的辩证统一。如果说，我们前一个问题说的对古玉的“坑口”观察宜“一叶知秋”，那么第二个问题则是告诉我们对古玉“坑口”的认识忌“一叶障目”。这是一种辩证关系，任何一种极端都会造成经验上的认识误区。这里，如果要将问

图【071-A】 蟠虺纹玉勒 战国

45×14×5mm

性状：青白玉。扁圆形柱状。有深褐色沁染。通体饰蟠虺纹。

▶ 图【071-B】 战国，蟠虺纹玉勒背面图。

题归结到一点上来说明的话，那就是：不同“坑口”的古玉玉表特点，尽管在质感与色泽上有着怎样千差万别的表现，但只要它们是一定时代的产物，那么在材质应用，以及形制、纹饰、工艺等等风格特点方面，就必定深深地打上这一时代的烙印。因此，时代风格及时代特征，那才是我们需要理解古玉的真正的要义所在。“坑口”所反映出来的玉表，也仅仅是一种表面现象。而实质是蕴含在这种表面现象下的内涵。相比之下，能理解古玉的内涵特质，能看懂古玉各个不一的神韵，其难度比看懂“坑口”的玉表特征更大。如果我们去参观了河南安阳殷墟出土的博物馆玉器以后，再去观察山东前掌大出土的玉器，那同样是两组同一时代不同地区的商周古玉，那么我们应该作出这样的思考和判断：我们除了看到了玉器表象特征的区别外，还看到了什么？应该说，这才是更重要的。如果你对商周玉器那种在形制上崇神拜物、形态上亦庄亦谐、工艺上大巧若拙、选材上不拘一格等等方面能够有足够的认识和理解的话，那么我们相信这对于你的辨识才会有切实的帮助。不过，这样的功夫也是一种软实力，非一日之功所能为，需要日积月累的学习与实践。须知，今人对于古代玉器的仿制，其实在形状和玉表上，现在是越来越不成问题了。特别是那些常

▶ 图【071-C】 器型参考图例：战国，玉勒，美国明尼阿波里美术馆藏中国古代玉器。

图【072-A】 兽面纹玉勒 战国 45×16×5mm

性状：白玉。质佳、沁美。一面拱圆形，饰兽；一面扁平，饰卷云纹。

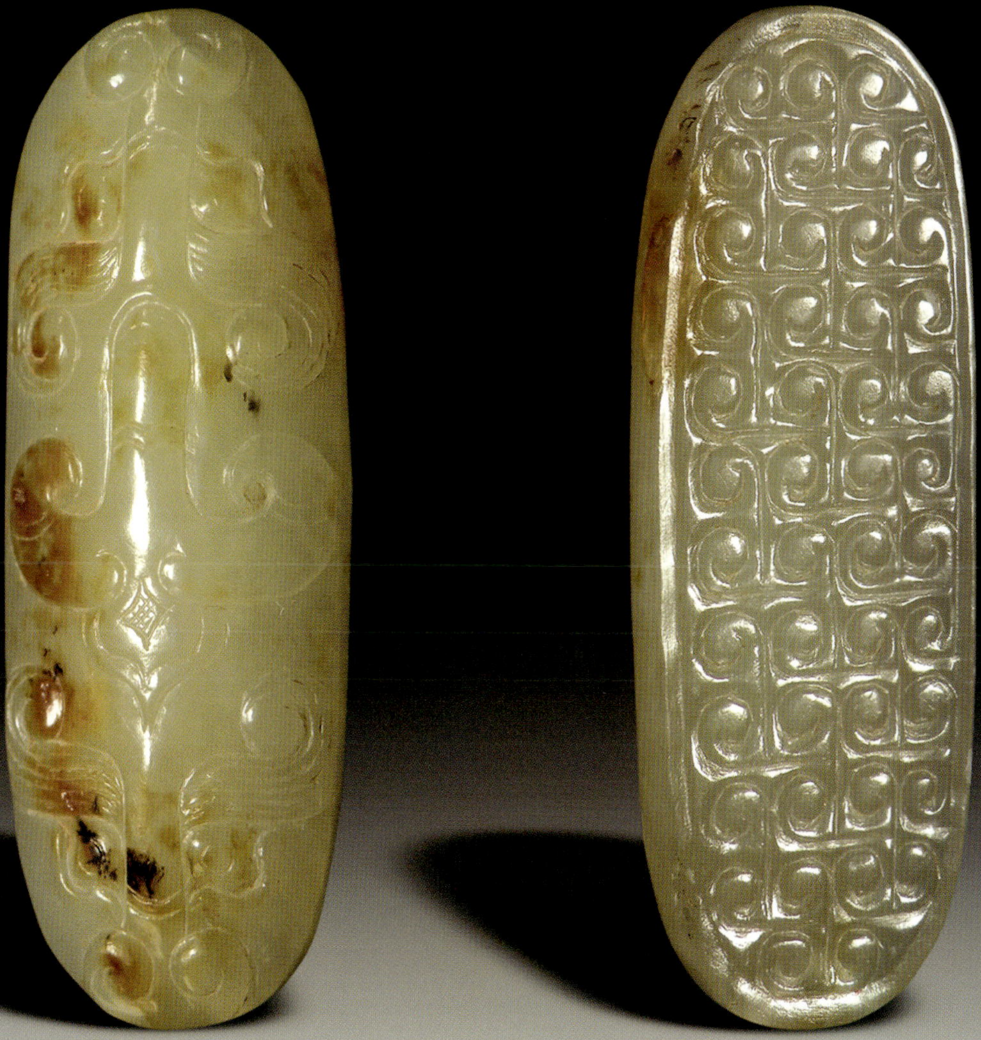

选用地方杂材而又是平面片状的高古玉器，更是成为一些作假者的“拿手好戏”。但是，形、神总难两全。那么“魔”“道”比拼，所有的区分仅在一“气”之间，此所谓“气韵”决定一切。因此，面对不同面貌的玉器表象特征，我们既要调动“坑口”的真实性信息，来加以仔细的衡量、类比和审察，并善于琢磨其中的“不同凡响”处，再辅之以严谨的历史文化内涵与气韵的研究和分析，认真辨识——只有在这样的辩证而又客观的全面考证中，才有可能对古玉的真伪鉴别产生出接近真相的结论。总而言之，坑口的“同”、“异”只是解决了我们观察古玉的一个视点，而在此基础上全面、综合和辩证的思维方式，以及对古玉内质、气韵真正的理解和把握，才是我们能够走进这个世界入口的基础。

▲ 图【072-B】 器型参考图例：战国，玉勒，选自美国佛利尔美术馆馆藏中国玉器。

鉴识古玉和拒绝“打眼”，既没有捷径可走，也没有灵丹妙药。前人积累了很多经验，今人又创立了不少知识，诚然给我们留下了许多难能可贵的宝贵财富。但是，经验可以借鉴，却不会是一成不变的真理；知识可以充实我们的头脑，却不会在纷繁的现实中给你现成的答案。古玉真赝的辨别，历来就是一门很难找到真理之门的高深学问。因此，面对这门系统学科，拙文“也说”“坑口”云云，只是拿别人曾经说过的事情，加上自己的一己之得，“说说”而已，也仅供嗜古爱玉的同好，“看看”而已，或权作参考，却切不可当真——是为真言，以作告诫！

佩 玉 将 将

在“珍稀”与“臆造”之间

▲ 图【071-D】 器型参考图例：战国，玉组佩，山东省曲阜市战国墓出土。现藏山东省博物馆。

珍稀的古玉，顾名思义，一是珍贵，二是稀少。这很好理解：珍贵的古玉一定稀少；而稀少的古玉自然也一定珍贵。唯其如此，才更为高端收藏家所热爱和追求。但珍稀的古玉，又往往是一只烫手山芋，不大好轻易去碰，原因在于，一不小心，那些因为“珍稀”而不惜工本下手买来的古玉，原来只是一件来自某地坊间的臆造品。这种故事，已经多得成了习以为常的事了。

我们在一次去某个知名的古玉作伪市场考察的时候，有位店主很坦诚地拿出了一件仿古玉器告诉我们说，它差点以 120 万元的高价在某拍卖公司拍出。最后所以没有成交，是因为那位做托的物主太贪心了：以 2 万元卖走的玉器，以 60 万元高价起拍，一直叫到 100 万以上。而在叫出 120 万元价位的时候，却被主人贪婪的

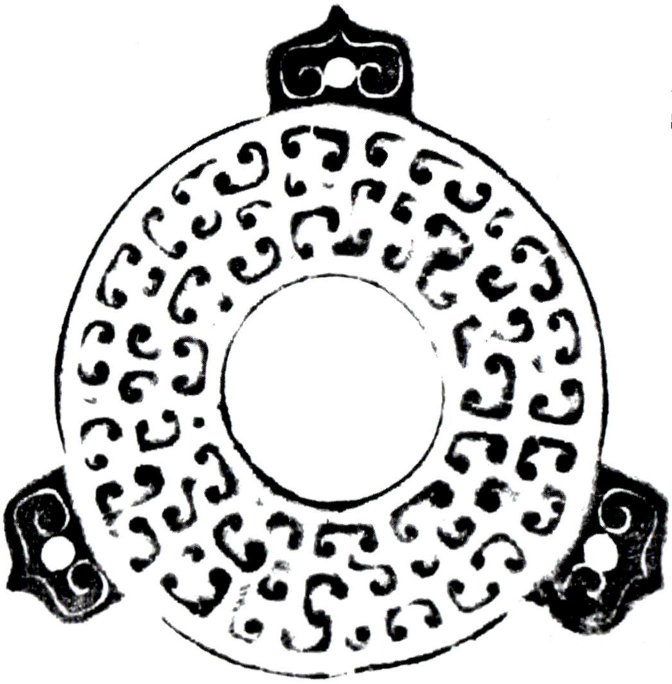

◀ 图【073-B】 战国，出廓玉璧拓片。

心态弄得卡壳了——在叫到130万元的时候，这件玉器从高高的云端又重新跌了下来：买家撤拍，没有成交。现在，它依然静静地躺回到店主人明亮的玻璃橱窗里，标价也依然为：2万。

▲ 图【073-C】 器型参考图例：战国，玉勒，选自美国佛利尔美术馆馆藏中国玉器。

这是一件用和田青玉雕琢而成的椭圆形杯子，柄为龙首，四周刻有勾连云纹，是一件仿战国时期的玉器。它给人的迷惑之处是，一是用料，以特征明显的和田青玉来琢制，跟大多作坊以各类廉价玉料仿造相比，花了本钱，破了常理，因此尚有一些可信的假象。二是次生原色，疑似沁痕，实则为玉石天然表皮，也有一定的蒙蔽性。三是由于借助了电脑构图并作精细雕琢，使得勾连

图【073-A】 出廓玉璧 战国 42×4mm

性状：青黄玉。下侧严重钙化。等边三角形出廓。双面饰蟠虺纹。

◀ 图【074-B】 器型参考图例：战国，玉带钩，曲阜市鲁国故城战国墓出土。

云纹的处理十分规整，貌似符合战国时代特点。四是器型奇少，体积大，未见有类似的馆藏器型出现，很有“国宝”风范……这些地方，对于一个不是十分冷静和成熟的收藏家来说，自然会不可避免产生购藏的冲动，因为它毕竟看上去是件形制大、年代好、器物特殊的玉器。然若是仔细分辨，便会发现，漏洞还真不止一个：器物龙首疲软，铊刻、打磨等方面现代工艺痕迹鲜明，勾连云纹过于刻板机械，线条光气浮于次生玉色之上，以及整体神韵的别扭，等等，都不可避免地暴露出了这件作伪玉器的败笔，不堪一击。可是所以有人差点踩上了这个埋得并不太深的地雷，还不是因为贪大求“珍奇”惹的祸？试想，如果那次有人不幸上当，以百万之巨的身价，请回这件冒牌的“战国玉器”，那在日后若要跟物主再辨清它的真假，谈何容易！

其实，现在有许多貌似珍稀的古玉，只要我们用心去从玉器的时代风格、取材标准、器型用途、纹饰内涵、工艺特点等方面去综合考证，就会看出许多作法，拙劣得漏洞百出。它们的共性大都是：体积硕大，造型怪异，光色僵硬，伪沁呆板，用料也是五花八门。但它们也有一些个性，那就是

图【074–A】 玉带钩 战国 68×64×20mm

性状：白玉。边缘有沁染。钩首为兽面，钩体以镂空、浅浮雕及阴刻线修饰。

▲ 图【075-B】 战国，玉剑珌珌侧面图。

▲ 图【075-C】 器型参考图例：战国，兽面纹玉剑珌，中国国家博物馆馆藏玉器研究丛书。

▲ 图【075-D】 器型参考图例：战国，玉剑珌拓片，中国国家博物馆馆藏玉器研究丛书。

各地的作伪玉器，在时代特征、工艺水平、选材用料等方面都有自己的绝招：有器型足可乱真的，有纹饰酷似真品的，也有工艺仿真水准极高的，等等。红山、良渚、商周、战汉、明清……大江南北，作坊遍地，各有各的拿手好戏。可是，话说回来，不管作伪水平如何高明，如果我们能够花一点时间，在认真研习好真品的基础上，再多去那些地方跑跑，以赝品为"读本"，多做比较思考；或者放下架子，不耻下问，拜拜那些民间仿古艺人为师，做些脚踏实地的考察，那么也许对于扩大自身识假的视野和提高受骗上当的免疫力，会有不小的帮助。也只有这样，才不至于面对一件形似而神无的仿假古玉，显得手足无措。有位朋友说得好："吃药" 上当最重要的原因，就是因为贪心和无知。一心想拣漏， 这正是"贪"的心态在作祟，而贪心导致你欲望失控。不愿意多学习，这也正是无知的根源，而无知则很容易走火入魔。这些教训，不可谓不深。所以不断有人 "中标"， 就是没有好好吸取这种教训。不过，反过来看，你若到那些已经名声在外的仿古玉当地看看， 不少艺人倒是十分讲究职业道德：他们对自己的仿古作品都明白告之、明码标价，一件高仿的战国玉璜，人民币二千；一件硕大的"良渚玉琮"，人民币仅一百；一件商周圆雕玉蝉，人民币三到五百，一件规整的"子冈玉牌"，人民币约为三千，等等。这些行情，在仿古玉器市场几乎成了约定俗成的规矩。当然，到了古玩商人那里， 利用别人认知上的欠缺和信息上的不对称， 做成了一个又一个可以为之牟利的故事，那自然是另外的一种版本了。

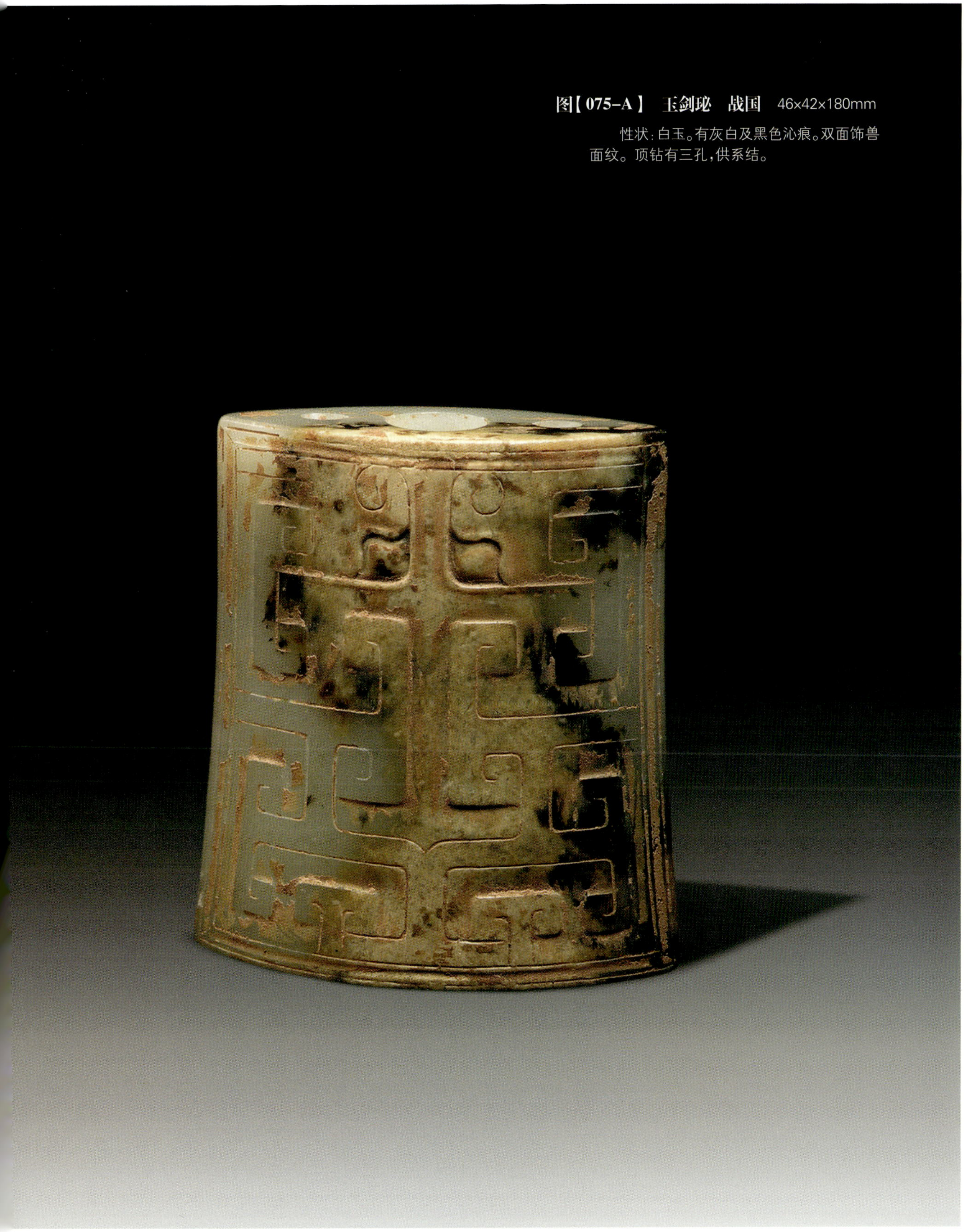

图【075-A】 玉剑珌 战国 46×42×180mm

性状：白玉。有灰白及黑色沁痕。双面饰兽面纹。顶钻有三孔，供系结。

▲ 图【076-B】 器型参考图例：战国早期，玉人，山西省侯马市西高祭祀遗址出土。

▲ 图【076-C】 战国，玉人背面图。

这在当下，也算是一种司空见惯的现状。

而与此相反，另外一种情形，同样也是不能不引起我们注意，那就是一旦真正的珍稀古玉出现了，反而也有人有不知所措的时候。主要的问题是：看不懂，或不敢认。于是只能被当做臆造赝品而拒之于门外。这种情况，也并不鲜见。与上述情况相比，这是另一种尴尬，就像“叶公好龙”一样。实际上，这与我们在鉴识古玉时观念上的落后和思维的僵化是分不开的。对于有些器型特殊而从未见过的、纹饰新奇而有悖于标准器规范的、质地精良几乎无法从表面能看出有多少古意的，或者形制大气够得上重量级别的、图案神秘得让人一时无法理解其内涵的，或者器物基本与国家馆藏品类似并相媲美的……诸如此类的珍奇玉器，总是听到质疑和争执声鹊起，从它们出现的第一天起就成了“叛臣逆子”，直至最终被打入冷宫。这种情况，并不是一种正常的现象。有人喜欢就拿这种现象做恶作剧：曾经看到某知名玉器网站论坛上，贴出过一件藏于某地市级博物馆的玉器藏品。这件藏品器型奇异、形状少见、出土地明确，但时代风格不够典型。说实在，这样的玉器，既没有看到过公开的资料，又缺少十分鲜明的时代特点，通常很难予以辨认。但从它独到而神秘的艺术造型和生动奇妙的创意来看，这无疑是一件西周时期玉器佩饰中的精品。可是遗憾的是，这件玉器挂在这个网上足足一个多月，浏览者达到了近千人次，能认识它并为之而惊奇的寥寥无几。小部分认为：不确定，即便对也是普品。而大部分的意见是：臆造品。直到楼主最后亮出底牌，才算偃旗息鼓告一段落。这件事情告诉我们，对珍稀玉器的辨识，靠的不仅仅是经验或功力。它还取决于你看问题的观念、视角和方法。

图【076-A】 玉人 战国 53×19×10mm

性状：白玉。圆雕。玉人呈立状，双手交叉于腹前，神情安详，衣着华丽。

一旦没法看懂，就必定怀疑它的真实性，这种逻辑，说起来有点可悲可笑，但在大多数人看来，则是理所当然。原因在于，任何一件可称得上珍、奇的古玉，它们给人的第一感觉，是跟看到一件大而精美的臆造赝品相差无几：要么怪异得叫人看不懂，要么精美得叫人不敢认。于是，首先就会产生一种抗拒心态，因为对于大多数有一定古玉鉴识经验的专家或行家来说，一是“国宝级”的赝品见得多了，欺诈性故事也听得不少，因而从心理上对那些有可能是真家实伙的珍品产生本能的逆反。二是觉得这样的珍品流落民间可信度极低，天下的馅饼决不会恰恰落在哪位仁兄的头上。三是没有标准器比照或无法看懂的玉器，也确实不敢妄下结论，以免日后贻笑大方。这些心理因素，加之长期以来形成的一种思维定式，无形之中就严重地束缚了鉴藏者的观念和手脚，并且形成了一种“臆造品恐惧症”的病态思潮。这种思潮，一度成为藏界主流，左右着古玉收藏与鉴识的走向。这让一些真正的古玉珍品，有时就这么在一些主观主义和经验主义者的无端拷问和排斥下，轻而易举地从人们的眼皮底下溜过了，酿成一个又一个遗珠之恨。此类现象，也同样不能不引起我们的思考。

归结起来，我们的意见，对于古玉收藏而言，“地雷”很多，真品很少，而珍品更是凤毛麟角，这一点需要十分明白。这是一。二、对初涉收藏者而言，如果你感到自己的功力和能耐不济，那么尽量不要去收藏那些看不懂又不敢认的东西，以免被“鱼目”和“珠”搅得晕头转向。不妨先入藏一些看得明白的东西，学习起来，积累经验。三、对那些资深的藏家而言，花一点精力在臆造与珍品之间多作些研究琢磨，努力探秘那些事实真相，在大致能分辨出是非真赝的基础上，一旦发现比较有把握的东西，该出手时便出手，这样才能提高自己的藏品档次。四、对有些一时看不懂或者不大被人认可而又无法否定的藏品怎么办？一句话：暂不识之，姑且存之。既不要自作聪明，在浑浑噩噩的情况下敝帚自珍；也不要马虎草率，在求解还没有结论的时候轻易放弃。还是相信那句老话：是金子总会发光，而是赝品呢，就如谎言一样，也总有一天会被戳破！

当然，回归到本文的旨意，在于亮出一种观点。在你阅读和理解的时候，同样一定不要极端。

图【077-A】 玉璧 战国 62×5mm

性状：白玉。玉色因沁染而呈红褐及土黄。内琢一奔跃之爬龙，栩栩如生。

说虺、蛇

——一种流行于战国时期的玉器纹饰

蛇在战国器物中曾经是盛行一时的主题纹饰。在民间，通常把生肖中的蛇称作为“小龙”，这是为讨吉利，姑且攀附一下，未尝不可。而实际上，大家都明白，蛇与龙是两个不同的概念，即便神话与传说中可以认为蛇即为“小龙”，但在其未成为龙之前，也依然只能称其为蛇而不可与龙混为一谈。现在，我们把这个问题提到战国玉器纹饰中来讨论，也是为了理清这个概念。因为看到不少的说法，都是将战国玉器中蛇的纹饰，一概的叫做龙纹，显然是不够科学也有欠妥帖的。

为什么这样说呢？因为战国时期也是个龙行天下的时期，大量的龙形玉器制品说明时人对于龙的形态特征已经具备了足够的认知标准。因此，与那种特殊的蛇形动物相比，龙几乎成为了一个时代的精神标志。它们大都形态奔放、气势矫健、风格鲜明。而蛇纹玉器的出现则不同，它们似乎只流行于一个特殊的时期，而且常常以相对写实的风格，出现在玉器的图案中。与龙不同，它们的形体内涵和象征意味，也定然有着异样的诠释。

关于这种蛇形的器物纹饰，是不是即是古人称为“虺”一类的爬行类动物？或者说，是与“虺”有关的物种？“虺”的意思，有解释为“最早的

图【078-A】 玉韘 战国 46×34×10mm

性状：白玉。外侧有浅褐色土沁。两抽象龙纹作出廓装饰。形制规整。

▲ 图【078-B】 器型参考图例：战国-汉，玉韘，选自人民美术出版社 2003 年版《中国古代玉器艺术》。

▲ 图【079-B】 器型参考图例之一：战国，蛇纹漆器，湖北九连墩楚国贵族墓出土。

▲ 图【079-C】 器型参考图例之二：战国，蛇纹玉饰，河北省平山县中山国王墓出土。

龙”、“小蛇”也有解释为“毒蛇”的。较早如《诗经》，我们可以见到这样文字，如：“吉梦维何？维熊维罴，维虺维蛇。”（《小雅·斯干》）从熊、罴的对应皆为“熊”来揣测，虺、蛇的属性应亦同为一物。不过，从诗意看，虺、蛇在西周，是作为一种吉祥物出现的。到了春秋，在《国语·吴语》中，吴王夫差胜越，将许越和，申胥以为不可，谏曰：“为虺弗摧，为蛇将若何？”言小蛇不打死，长大了成为大蛇后怎能制服？比喻弱敌不除，必贻后患。这里的“虺”，就是明确的定义为蛇类动物了。因此虺、蛇，在早先也许原为一体的。

“虺”这种动物，作为纹饰在器物中的引用，在西周时便有，不过较少。1959 年安徽省屯溪市弈棋出土的一件西周时期的提梁青铜卣，腹部满饰首足不现、纠结难分的被叫做“蟠虺”的纹饰，应该便是变形的蛇纹。这种纹饰到春秋时则开始多了起来。1978 年陕西凤翔南指挥西村 1 号大墓出土的一面蟠虺纹镜——为春秋中期末至晚期的器物——上面同样饰满细密的蟠虺纹，状如许多小蛇状的动物相互缠绕，构成几何图形，是春秋时代呈网状花纹的典型代表。(见《中国美术全集·工艺美术编·青铜器卷》下)。诸如此类的纹饰图案，我们还可见到很多。而延伸至战国早期，我们看到不少的出土文物中，这种更为写实的蛇形纹饰已被广泛地采用和发挥，类似器物也层出不穷，因而一而再、再而三地出现在铜器、陶器、漆器和玉器等各种图案中，一时成为颇为时兴的景致。无锡鸿山越国贵族墓中出土的琉璃釉盘蛇玲珑球形器、九蛇陶鼓座等一些高规格的器物中，蛇都是装饰图案的主角，可以推断蛇在其时贵族

图【079-A】 双蛇形玉佩 战国 34×34×4mm

性状：淡黄色玉。片状。镂空雕琢双蛇缠绕。一侧边缘有红褐色沁。

◀ 图【079–D】 战国，玉蛇形玉佩拓片。

心目中的地位，非同小可。

在玉器的纹饰中，有人认为，最早出现那种或虺或蛇的器型的，可能在春秋晚期至战国早期。可是比较能够说明问题的，则是战国时期这样造型或纹饰的玉器，确实一时间广为流行。故宫博物院有件清宫旧藏的“一首双身龙纹嵌饰”，长 7cm，宽 2.7cm，为新疆和田青白玉，被描述为“整体弯作桥形，正面弧凸，中部镂雕一似蛇的龙头，眼夸张成大橄榄形，龙身饰有细密的鳞纹，似分成二体，向左右两侧伸展，细长如蛇，盘曲围绕成饰件的边框。”是典型的蛇纹玉器的代表。河北省平山县七汲村中山国 3 号墓出土的一件镂空双龙双蛇纹长方形玉版，其上下分琢一对曲身伏

▲ 图【080–B】 战国，玉蟠虺纹环背面图。

▲ 图【080–C】 器型参考图例：战国，玉环，山西省长治县分水岭出土。

图【080-A】 玉蟠虺纹环 战国 53×4.5mm

性状：白玉。整体钙化，边缘可见少许质地。双面减地浅琢龙纹。

◀ 图【080-B】 战国，玉蟠虺纹环拓片。

卧的龙和盘绕成S形的蛇，龙为上而蛇为下，布局均衡，两相对称。很显然，在这件玉饰身上，龙与蛇的特征都非常鲜明且迥然有异。而另一件同样玉质的平面玉版上，则被分解成三个版块，其中一个版块上琢有一变形的龙纹，另二个版块上，与龙相对应的一角，饰有一扭动的蛇纹；另一蛇纹，则被刻成双首一体，头置中心，身姿呈几何状盘曲，与龙、蛇的那一半互相呼应。这种出现在战国早、中时期的玉器纹饰，可资我们在对古代玉器进行断代时，作为约略的参考："虺"或"蛇"作为玉器中的主体纹饰，是目前我们认定为年代为战国时期的依据之一。

图79的蛇形玉佩，为镂空玉雕。这是一件因质变而略显浅黄的白玉。玉佩以两条曲身盘缠、合为一体的蛇形，巧妙地组成一个环状佩饰，十分得体和灵巧。在细节的刻画上，为了充分表现出蛇的蜿蜒多姿的特征，玉工在一个近乎方形的平面玉材上，通过形状不一的七处镂空，来表现双蛇的优美曲体，堪为精当。而蛇首稍作偏斜并噬咬成一团，对于突出动物内

图【081-A】 玉蝉 战国—汉代 52x31x3mm

性状：白玉。边缘沁浊严重，呈红褐色。蝉身修饰精致华丽。头部有孔，供系佩。

◀ 图【081-B】 战国，
玉蝉拓片（正面）。

▶ 图【081-C】 战国，
玉蝉拓片（背面）。

图【082-A】 鸡心佩　汉代 52×32×5mm

性状：白玉。薄片状。沁重几近钙化。正面浮雕一大二小螭龙。背琢细阴线纹饰。

▲ 图【082-B】 器型参考图例之一：汉代，玉牒形佩，美国芝加哥艺术博物馆。

▲ 图【082-C】 器型参考图例之二：战国，鸡心佩，台北故宫博物院藏。

在的力量和动感，具有很好的表现效果。上、下的桥式横面，既为装饰性形制需要，又起到了纽带和衔接作用。而器身所有的纹饰，都用细密深峻的阴线雕刻，纹丝不乱，使玉佩变得瑰丽而精良。无疑，从这件小巧玲珑的玉器身上，战国时期的风格，也是一目了然的。

玉器中的虺、蛇纹饰，包括有些分布于璧、环、柱等器型上的被叫做“蟠虺”的抽象性纹饰，大概在战国后期以后，渐趋消失。但我们要记住，这种独具一格的纹饰，在历史上的战国，确实曾经出过一阵风头。

◀ 图【082-D】 器型参考图例之三：战国，鸡心佩，台北故宫博物院藏。

佩 玉 将 将

穿云破雾

——汉代玉螭的形体交代

“螭”为何者？无角之龙。这是字典上的解释。但这个解释似乎不好理解，因为考古出土的不少螭形器物是有角的。《左传·宣公三年》载：“螭魅魍魉,莫能逢之”。其中“螭”者,有注家称“山神,兽形。”这就使这种动物从水里爬到山林中去了。或说为“山林异气所生”之“龙属”或“龙子”,可驱邪。这样就有了蟠螭、螭虎、螭龙等等多种叫法。而在我们当地民间,亦有索性一统叫做“螭虎龙”的,把这三种物种干脆都囊括在一起了，只知道这就是一种特殊的怪物，倒也不失为一种办法。因为确实,在被称作为“螭”的一些古代玉器中,形似虎或状如龙的都有出现,因此要非常严格地来区分自然就有些困难,也许它们确实是有区别的。

在战国与汉代的玉器中,以螭为题材的作品比比皆是。这里有迷信神秘怪异的仙道思想的因素。螭作为一种在现实生活中莫须有却能在玉雕领域内占有很大的题材比例,并且能长远流传,想象一下它的文化背景,也是颇为耐人寻味的。

关于玉器上的螭的形态特点,不少著述都有介绍,因此更多的是多看实物多加感悟。总体上讲,战国的螭更显得气势张扬,而汉代的螭更为洒脱和灵动，这是不同时代精神所体现出来的风格。这里不妨以汉代玉螭的形体为例作些浅显的分析，来看看当时玉工是怎样表现那种洒脱和灵动的精神面貌的。

汉代的螭，常常出现在那些浮雕或半浮雕的剑饰、鸡心佩或环、璧之上，大都被雕琢成一种幅度较大的S形拱曲体态，来表现它们机灵的模样和内在躁动不安的情志。它们的身子，会随着器型的不同，而做着各种各样曲折有致的姿态，以显示动感和力度。这样，在有些器型上，如果能够足以完整地展现出螭体全貌的话，那么我们可以非常分明地看到敏锐警觉的脸面、屈体扭动的身子、抓扣有力的利爪和翻卷自如的长尾。在它们身上，潇洒与力量、外在的柔美和内在的刚强浑然一体，很有种夺人心魄的壮美。

▲ 图【083-B】 器型参考图例：汉代，龙纹环，广西壮族自治区合浦县环城乡黄泥岗出土。

▲ 图【084-B】 器型参考图例：汉代，螭虎环，台北故宫博物院藏玉。

实际上，这种以正面直观的表现手法来雕琢玉螭，生动自不必说，但在创造性构思的程度上还不能算是有出奇制胜的高妙。真正精彩的汉代玉螭，是在一个不太规整的形制上，也即在一个有限的空间里，来刻画一件同样是穿云破雾和生气勃勃的玉螭，那实在是一种高明的创作。

这种穿云破雾的玉螭，妙就妙在你如果粗略地去观赏，那么你可能看到的是一件身首异处的螭龙（或曰螭虎）。一张有着猫脸一般的螭首，目光炯炯有神，向你直视——这是你一眼所能关注到的部位。其次，就是断断续续的身体：弓起的背脊；高耸的臀部；不知何处冒出来的腿、尾，等等。你粗略地看，

图【083-A】 螭虎环 战国—汉代 32×31×5mm

性状：青黄玉。圆柱环形。螭虎首尾相交，双足平衡支撑，呈匍匐状。

▲ 图【085-B】 战国–汉代，龙纹环拓片。

▲ 图【085-C】 器型参考图例：汉代，龙形玉环，河北省定县40号墓出土。

只看到这些。但是，一件在艺术构思上有所创意的玉器，它的不俗之处就是只有在你用心去细细品味以后，才能体察出其中的美妙。欣赏这类穿云破雾的玉螭，一个很重要的关键是要善于把握这种神异物种的动态结构。"穿云"和"破雾"，是这种动态结构的表现方式。那么，螭与云雾，构成了画面中的互动关系。螭在云雾中，自然是时现时没。这种"现"与"没"，看似断断续续、支离破碎，实际上虽是云遮雾盖，螭体却依然身在其中。明白了这个道理，如果我们再去透过那些被云雾湮没了的部位，顺着玉螭的动态走势，来连接那些被"肢解"了身体，就会发现，原来那螭虽被雕琢得看似"身首异处"，其实却是活脱一个灵动敏捷、健全完整的尤物。山西省朔州市平朔露天矿生活区出土的西汉时期的玉剑璏，以及河北省满城县陵山中山靖王刘胜墓出土的汉代玉剑珌，那种或隐现或盘绕于云气之中的浮雕螭龙，我们都可以从形体的走势中，来完整地欣赏到它们英姿勃发的矫健的身姿。就是这样，这种含蓄的表现手法，能够把我们引领进一个二度创作的想象空间，从而给我们带来无穷的审美乐趣。

当然，也有些曲颈露首、身子盘曲而扭作一团的，虽不在穿云破雾之中，

图【084-A】 螭虎环 战国—汉代 50×45×4mm

性状：白玉。扁平片状。猫首。卷尾盘缠成环。边缘微有灰褐色沁。

◀ 图【086-B】 汉代，龙形环拓片。

但它们形体的曲线结构与走势，以及“露”、“藏”部分的雕琢处理，布局合理，比例精当，势态生动，也很有威慑和吸引力，其中蕴含着极大的艺术含量，在今天也是令人拍案叫绝。

▲ 图【086-C】 器型参考图例：汉代，玉龙，台北故宫博物院藏。

总而言之，在这样一些游走自如或体态不一的古代玉雕作品中，尽管被表现对象是那么的大小不一、方圆无序和变化多端，但是由于玉工正确地把握了这种物象的形体特征和内在精神，加之于认真刻画精心雕琢，因而在凸显螭龙刚柔相济、灵动洒脱的美感上，绝对能起到异曲同工和百看不厌的艺术效果。

图【085-A】　龙形环　战国—汉代　40×34×4mm

性状：白玉。质佳少沁。龙团身，昂首，张口。四足抽象简化。

图【086-A】 龙形环 汉代 56x54x5mm

性状：白玉。土黄色沁厚重。龙首与尾相交成环，满身饰鳞纹，华美而有气势。

图【087-A】 螭虎环 汉代 61×51×4mm

性状：黄玉。猫首。首尾相交。尾内卷。头尾边缘有深褐色沁染。

◀ 图【087-B】 汉代，螭虎环拓片。

◀ 图【088-B】 汉代，龙凤纹璧拓片。

图【088-A】 龙凤纹璧　汉代 62x3mm

性状：白玉微带青色。薄片镂空。环内龙凤分置两侧，协调对称而富有动感。

佩 玉 将 将

对一件汉代辟邪的赏析

首先我们对绿松石这种材质谈一点看法。我们认为，在古代，作为上层统治阶级的礼仪用器及奢侈品，玉与石在他们眼中是一视平等的材料，此所谓“美石即玉”的由来。因此，一些在我们现在看来比较普通的似玉类矿物，如玛瑙、水晶、琉璃、青金石、绿松石等等，在古代同样是珍奇宝贵的王室或贵族用品，其地位与玉是处于同一条水平线上的。显然，如果用今天的价值标尺来衡量古代的这些非玉类矿物，就显得十分不合适了。因此，绿松石在古代它的宝贵性的价值地位，与一件玉器是同等的。

▲ 图【089-B】 汉代，绿松石辟邪背面图。

绿松石的使用，在我国也有数千年

图【089-A】 绿松石辟邪 汉代 85×45×35mm

性状：绿松石，色浅蓝淡雅。圆雕。立地张口，呲牙咧嘴，神情凶猛。

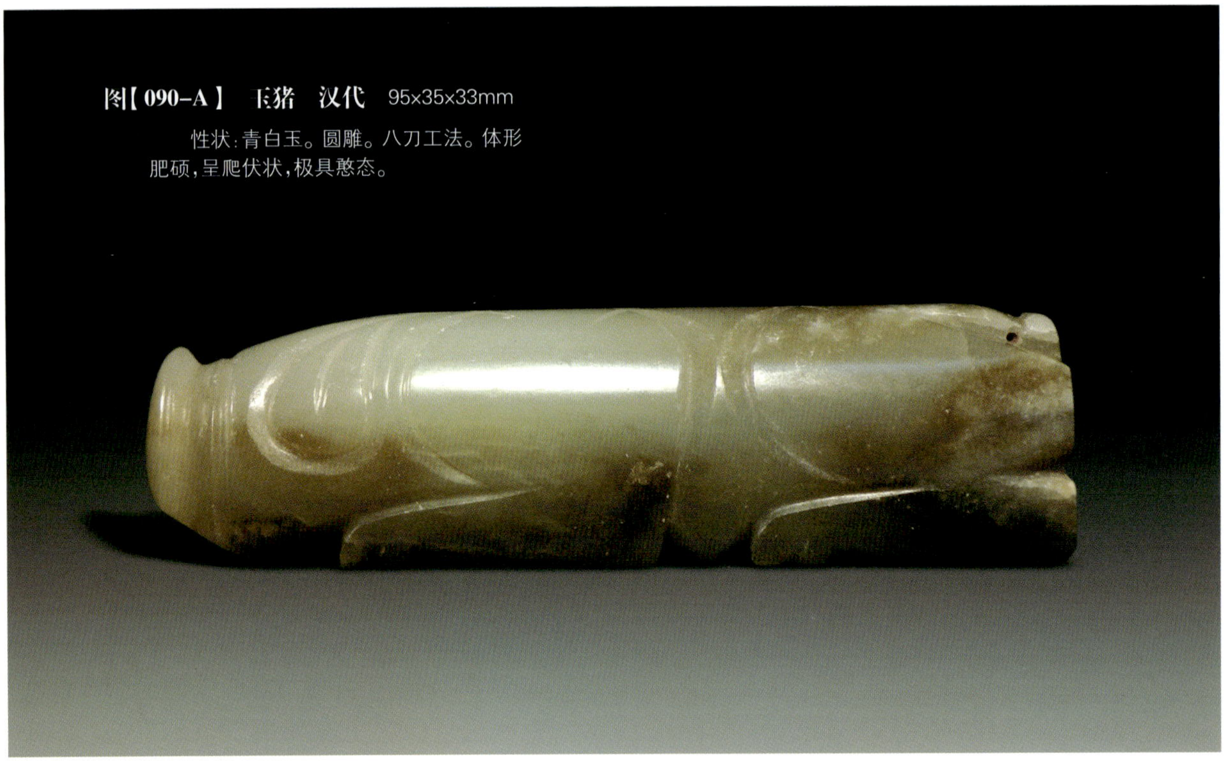

图【090-A】 玉猪 汉代 95x35x33mm

性状:青白玉。圆雕。八刀工法。体形肥硕,呈爬伏状,极具憨态。

的历史了。最早在河南郑州大河村仰韶文化(距今6500—4000年)遗址出土的文物中,就发现有两枚绿松石鱼形饰物。新石器晚期如大汶口、红山、齐家等的一些文化遗址中,也有这类玉石制品的出现,一直到魏晋南北朝,作为玉器的一种门类或替代品,绿松石并不缺少它们的“粉丝”。

这件绿松石质的汉代辟邪,是一件形制正气、制作规范、色泽纯正、时代风格十分鲜明突出的玉石圆雕精品。

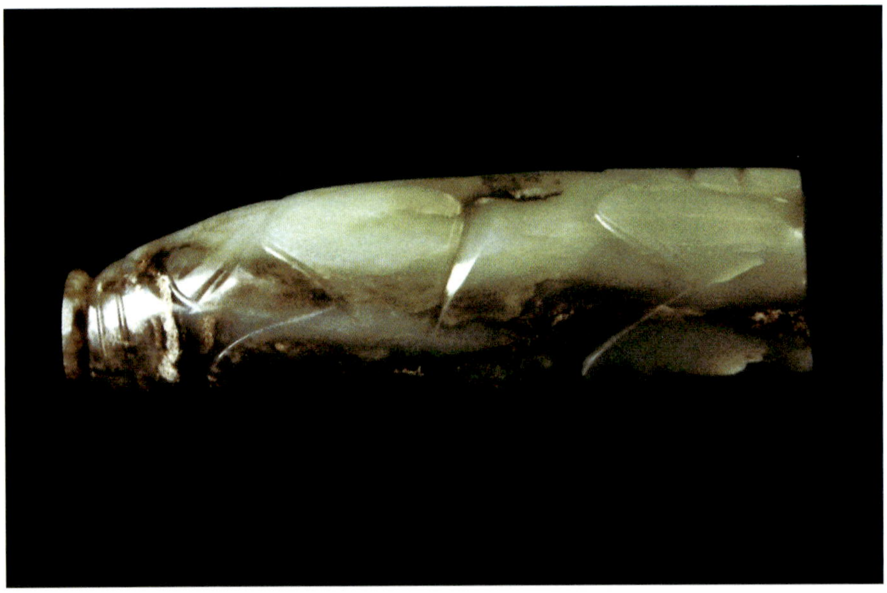

◀ 图【090-B】 器型参考图例:汉代,玉猪,山西省夏县王村夏后氏墓出土。

图【091-A】 玉兽 汉代 25×16mm

性状：白玉。满身洒金黄沁，色美。圆雕。兽身团成疙瘩，首昂扬，显威严。

◀ 图【091-B】 器型参考图例：汉代，玉兽，江苏省徐州市土山东汉墓出土。

辟邪长 8.5 公分、高 4.5 公分、宽 3.5 公分，选用一块比例大小非常合适的绿松石原料，予以构思雕琢。这样大小的尺寸，在古代玉器中属于大件一类的器物。所以对这件器物的第一印象是：大气磅礴。我们在现实生活中常常遇到这样的误区：认为收藏古玉，唯大为好！这种观点，曾经坑害过不少群体。正确的观念应是：玉不在大小，唯真为好！这与我们在前面所述战国时尸子“买玉不论美恶，而以大小为仪，必无良宝”的论调是一致的。但话虽这么说，如果在我们的收藏生活中，能有幸碰到既真且硕大的古玉，那犹如天赐之物，自然更为难得。而“难得”不等于绝无仅有，有时缘分来了，有所得也就顺理成章。这件足可以在桌面上撑起一方天地的汉代辟邪，或许能够说明这个浅显的道理。

来看造型，是典型的汉代羽化成仙思想的产物。动物的身体，加上飞鸟的翅翼，就成了一个似兽似鸟的怪物。这种怪物，后来就一直定格为可以护身保平安的辟邪。辟邪被装扮成可以飞升上天的神兽，体现了它具有非凡的本领和神力。辟邪四肢着地，似伫立在一个空旷的山野，而翅翼披在身子的两侧，半开半合，呈一种随时会跃地而起、腾空展翅飞翔的姿势。前、后腿交互伸缩着站立，利爪凸现，使这种跃跃欲飞前伫立的姿势，保持得非常平稳、有力。整个身子，被雕塑得浑圆壮硕：胸肌饱满，脊背突显；长尾分叉翻卷，强劲如钩。而首部的刻画，包括圆瞪的双目、露齿的大口，以及肥厚的上唇、竖立的尖耳、简洁的颈须等等，都准确地勾勒出了这件辟邪神情凶狠、目光警惕，一副傲视群雄的样子……玉工就是在这些非常具有表现力的轮廓和细节上，作了一丝不苟的雕琢，于是辟邪所有的威仪与势力，便被毫无悬念地表现了出来。

古人对于似玉类美石，相信“色泽”是选用的一个原则。玛瑙的红艳与通透，水晶的白净与亮丽，青金石的深蓝与沉稳等等，都是招人喜爱的色彩。对绿松石的挑剔同样如此，所以在玉石群类中有它，首先因为是受到了色彩的吸引。这件绿松石辟邪，是柔和浅淡的天蓝色光泽，均匀而纯正，加上岁月留下的氧化膜痕迹，流光温润，因此在色感上显得十分和缓悦目。它的质地，也是致密、细腻而无一丝铁线，器身亦无半点绺裂，材质的优良与器型的完整，更使它具备了较一般器物更为珍贵的属性。

汉代的圆雕玉石辟邪，本来就很稀少，松石之类的，更如凤毛麟角。我们从这件汉代绿松石辟邪身上，非但享受到了一种几乎空白的艺术美感，更在这种艺术的陶冶中，领略了一个历史大朝代的壮丽和辉煌。

佩　玉　将　将

佩蝉与唅蝉

玉蝉也是一种流传时间比较久长的器型，最早在新石器时代就已出现，但那时的玉蝉由于工艺水平的限制，一般都雕琢得不够具象。商代时候出现了不少用于佩戴或作器型装饰的玉蝉，已经雕刻得立体而又真实。至战国，佩饰类玉蝉造型与工艺已非常成熟，相信是一种在贵族群体中比较流行的时髦玉佩。

以葬玉作口唅的玉蝉，虽然我们普遍见诸于汉代的墓葬之中，但最早考古发现的，却是河南洛阳中州路 816 号的西周早期墓中，后来到汉代之间的一段时期内，不知道什么原因一度不被发见，直至汉代，才发展成为普遍的习俗并一直持续到魏晋南北朝时期。

佩蝉与唅蝉，是因为古人在蝉这种生物身上，分别发现了高贵、神奇和轮回再生，因此派生出不同的意义而将其作为艺术创作题材来引用。由于使用功能上的不同，导致引用这种题材时在取材、造型、工艺上有着同样不同的特点和创意。相对而言，作为装饰或佩饰的玉蝉，它在造型上十分讲究实用与美观，而工艺上则更加注重细节的刻画，这样的玉蝉，它给人的感觉是自然亲切的和可触可摸的，它追求的是真实、适度与立体的

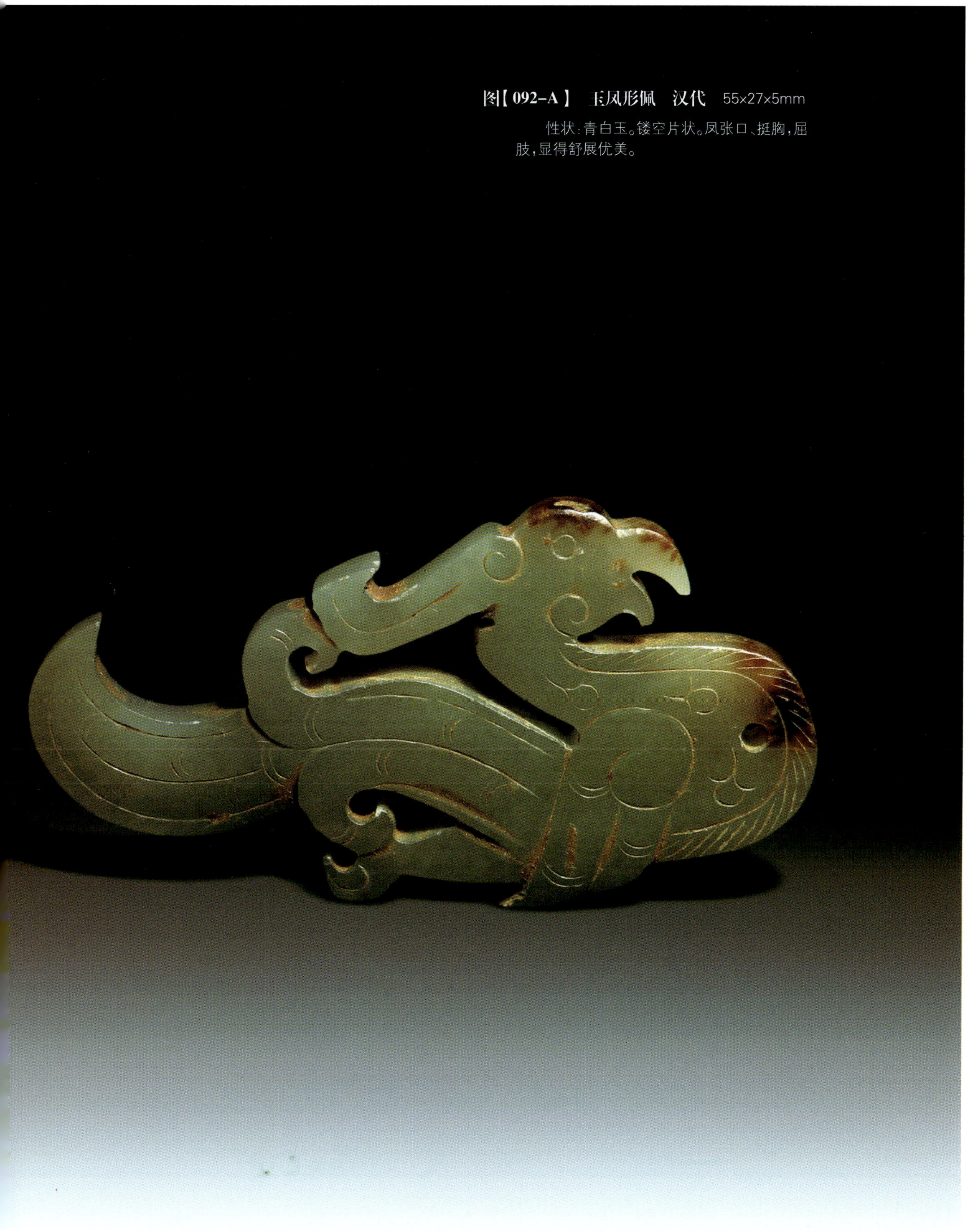

图【092-A】 玉凤形佩 汉代 55×27×5mm

性状：青白玉。镂空片状。凤张口、挺胸，屈肢，显得舒展优美。

美。因此我们看到商周时期的一些玉蝉，虽然在玉材的选用上有所局限，雕琢也略显粗糙，但它们在形似与适度美的表现上，绝对具有非凡的水准。而战国时期的佩蝉，则更是刻得翅翼清晰、纹理齐整、线条精细，因而显得华丽而真切。它代表了战国时期在玉器的造型艺术和阴刻艺术方面所达到的最高境界之一。如果单从形制这一角度来比较，那么，我们以为，战国的玉蝉，是古玉佩蝉中的巅峰之作。

汉代的玉蝉，以著名的八刀手法而驰名于世。“汉八刀”是汉代刀法的经典，唯其如此，以这种干净利索、毫无拖泥带水之感的刀法雕成的玉蝉，由于开创了一个时代的玉雕风格之先，才为世人所推崇和钟爱。与佩蝉相比，虽然在功用上有所不同：一为阳间赏玩之物，一为阴间陪葬之物，但就它们的艺术成就而言，则可谓不分伯仲。汉代的玉蝉，不求华美，但求洁净。洁为简洁，它们的功夫主要是体现在剪裁、用刀和打磨上。它们大多造型规整，轮廓分明，形体变化较少，因此在剪裁上大致都遵循了一定的形制要求。用刀的特点则刚劲锐利，线条挺拔，刀刀见锋，显示了一种成熟工艺的特质与功力。这类玉蝉，打磨也是一道非常重要的程序，因此呈现在我们面前的那些成品，都是表面平整光滑、精光四溢而通体剔透晶莹的宝物。可以认为，在古代玉器的雕塑艺术中，汉代的八刀蝉，无论是选材、构思、成形，还是后期的工艺技术处理，都是有着与其他时代所不同的空前绝后的水平。

佩蝉和唅蝉，不同的功能，承载着一样深厚的历史内涵。而同为蝉形玉器，商周的拙朴可爱，战国的精致华美，汉代的简洁遒劲，一样的器物，在不同的时代，能给人各不相同的美感——是造物主的智慧，让华夏民族的艺术瑰宝，变得如此的丰富和美妙。

▲ 图【092–B】 器型参考图例：汉代，玉鸟，美国哈佛大学温索浦藏。

▲ 图【093–B】 汉代，玉凤形佩背面图。

▲ 图【093–C】 器型参考图例：汉代，玉鸟，选自文物出版社 2009 年版《陕西省出土汉代玉器》。

▲ 图【093-D】 汉代，玉凤形佩拓片。

▲ 图【093-E】 器型参考图例：汉代，玉鸟（拓片），选自文物出版社 2009 年版《陕西省出土汉代玉器》。

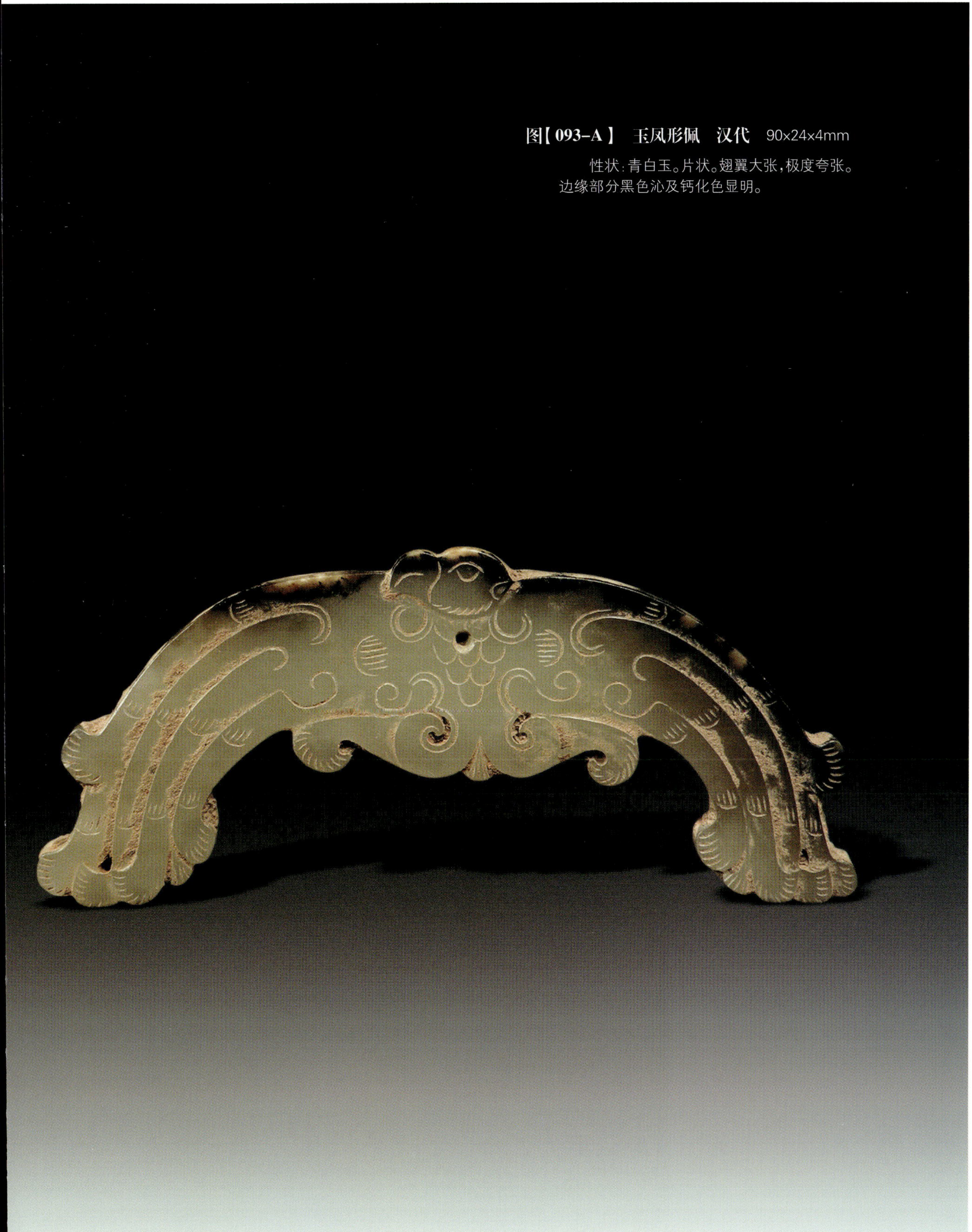

图【093-A】 玉凤形佩 汉代 90×24×4mm

性状：青白玉。片状。翅翼大张，极度夸张。边缘部分黑色沁及钙化色显明。

玉人佩的写实与神化

新石器时期的玉人，有人的特点但“神”的味道较为突出。目前认为比较成功的写实作品，是安徽省含山县凌家滩出土的两件直立玉人。商周时期的玉雕人物，在写实性的表达上，有过很大的突破。河南安阳妇好墓出土的那件戴圆箍形冠跪坐玉人，双手扶膝，神态庄重，是古代玉器中的写实珍品。上海博物馆所藏的拱手玉人，赤身跣足，神情肃穆，同样具有非常写实的精神，我们认为也是早商时期的作品。西周时期一些穿着华丽、仪态端庄的先王及贵族，也常常非常写实地被雕塑成当时的偶像。由于社会习俗与信仰的关系，尽管在商周时期的那些肖生类玉器中，依然流行不少诸如兽身人首、人龙合体等等神秘与宗教意味很浓的玉雕作品，但较之于新石器时期那被神化得有些“面目全非”

▲ 图【094-B】 器型参考图例：战国，玉舞人，美国佛利尔美术馆馆藏中国玉器。

图【094-A】 玉舞人 战国—汉代

68×20×6mm

性状：青玉。质感温润。玉人衣着华丽，作长袖起舞状，神态祥和安宁。

的人首及人像玉器而言，在写实性上已经有了飞跃性进步。玉工在这方面的贡献，在于真实地刻录了先人的行为举止，让我们更多地看到了一个消逝了的时代的社会生活风貌。

这种玉雕人物的写实风格，在春秋、战国时期又有了更多的继承和发展。

这一时期的玉人，在规格上讲它的范畴被扩大了。也就是说，能进入这种艺术形象而被精心塑造的，可以是王侯贵族一类的上流社会阶层人物，但也可以是这个阶层之外的普通一族，如舞人等。春秋时期的玉人，有的人首形佩被刻画得立体感很强，如河南光山黄君孟夫妇墓出土的玉人首，五官逼真而形象生动。形体完整的玉人，则多作拱手或双手交叉于腹跪坐状，其姿态与殷商时期跪坐而双手抚膝状有所区别。如河南固始侯古堆一号墓出土的拱手跪坐玉人和河南淅川徐家岭楚墓出土跪坐式玉人，都是这类作品的代表。

▲ 图【094-C】 战国－汉代，玉舞人背面图。

战国时期的玉人，在写实的基础上更注入了一种浪漫主义的情愫。这种浪漫主义精神，与其时诸侯王胄们强势张扬和追求奢华的生活方式是分不开的。这样，战国玉人在精致性和可赏玩性上都会较前代胜出一筹。1957 年河南省洛阳东周王城北墙附近积石积炭大墓中出土的一件玉人驭兽佩，长、高仅 3 公分见方，却雕琢了一个玉人驾驭伏兽的形象。该玉人头梳双髻，隆鼻张口，挺胸屈腿，双手执兽耳，镇静而凌然。那兽形似虎，体健如牛，大头圆臀短尾，身背饰纹。这种将人兽合为一体的塑造方法，与商周时候的人兽或人龙合体的玉器组合相似，但在意义的表述上肯定大相径庭。它描述的是人对外物的征服，而不是人借助于外物神力的象征。它的时代意义和现实性也就更为鲜明。

▲ 图【094-D】 器型参考图例：战国，玉舞人，美国明尼阿波里美术馆藏。

玉舞人这种佩饰是战国与汉代均为流行的玉器。但

图【095-A】 玉人 汉代

82×22×12mm

性状：白玉。晶莹剔透。圆雕。双手拢手而立，仪表雍容华贵。

▶ 图【095-B】 器型参考图例：汉代，陶俑，陕西省临潼市骊山出土，选自中华书局2009年版《衣冠天下》。

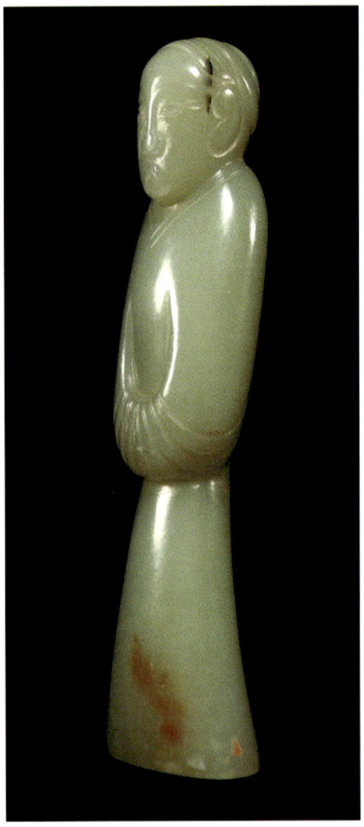

▶ 图【095-C】 汉代，玉人侧面图。

它们之间最大的区别是，一为精致华丽，一为简洁流畅。战国时期的玉舞人，无论是造型还是纹饰，都极尽精雕细琢之能事，将舞女的体态、姿色以及五官衣饰都刻画得惟妙惟肖。河南洛阳金村出土的双人连体舞女，被雕琢得眉清目秀，衣锦富贵，一副婀娜多姿翩翩起舞的形状，具有非常强大的艺术感染力。我们从这样的舞女身上，可以想象出战国时代对女性的审美标准，以及当时宫廷中那种美女如云、灯红酒绿的奢靡生活场景。这种感觉，我们在图94之青玉舞人身人同样能够感悟到。这件长方形片状舞人，身姿苗条柔美，面容姣好，服饰华丽，作出长袖善舞的姿态，其一招一式，同样颇能让人回到两千多年前的宫廷，去观赏歌舞升平的景象。

与战国舞人的精雕细琢不同，汉代的舞人，则大都用刀精当，线条简洁，力求形似，而姿态一如战国时期的一样，被雕刻得舒展流畅。其工艺虽然不及战国精美，但在动感及丰富多彩的肢体语言的表达上，则与战国玉器相比有过之而无不及。我们不妨多多比照这两个时期舞人玉佩的形态和神采，也许不难能够感悟出这样的差别。

先秦两汉时期神仙思想的泛滥，极大地影响了时人的观念和习俗。牵涉到玉雕领域，便是涌现了不少被神化了的动物和人物。这种现象，战国较时兴，而汉代尤甚，这跟其时帝王信奉虚无缥缈和逍遥自在、长生不老的神仙生活有关。“战国诸王，贵

图【096-A】 玉跪俑 汉代

98×44×33mm

性状：白玉，因钙化而呈质变。圆雕。玉人呈蹲跪拱手状，模样温良恭敬。

极富溢，所不足者，长生不老，升为神仙耳。”（傅勤家：《中国道教史》）司马迁在《史记·封禅记》中，也记载了汉武帝当年东海寻仙的故事。由此，那些供帝王们赏玩的玉器自然同样成了寄托他们那种精神追求的载体。这样，不少的动物和人物身上，会多了一些令今人匪夷所思的“附属设施”：或长了翅膀，或有龙体和蟠螭附身。于是就有了一些如“羽人”和“羽人乘龙”或“羽人乘天马”或“羽兽载人”的器物作品，当然也包括玉器。它们的意义在于，体现一种自由飞升和长生不死的幻想。1964 年西安市汉城南玉丰村遗址出土的一件羽人跪坐像和 1987 年在河南洛阳东郊出土的鎏金跪坐羽人这两件青铜制品，是我们理解汉代王侯这种精神幻想的最好的实物佐证。陕西省咸阳市博物馆所藏的圆雕“羽人乘天马”玉器，是那个时代此类作品中的杰作。这件玉质纯净无瑕的白玉，琢制了天马载仙人腾云驾雾的景象。这种景象，充满着“神性”的气息，其表达符号便是动物与人物的身上都长出了翅膀：玉人肩背生羽，而天马的胸、肩同样刻有羽翅，与板状低座上的云气纹互相呼应，形成了一个从人间升入天堂的富有浪漫主义境界的精彩画面。这件被神化了的雕塑，无论从选材、构思、工艺、时代感等众多方面来考量，有人谓之为“西汉玉雕中国宝级的艺术珍品”，绝对是恰如其分的评价。

◀ 图【096-B】 器型参考图例：西汉，跪坐拱手陶俑，陕西省汉阳陵博物馆藏。

不过，不要以为战国与汉代时期在人物形象的塑造上只是浪漫主义成分被发挥得那样的淋漓尽致，非常现实写照的人物形象，同样被表现得真实而充分。这在战国与秦汉的陶俑中，我们已常有领略。但有些反映贵族生活的玉制俑类或艺人类雕塑，也是被雕琢得活灵活现、情趣盎然。仔细品鉴图 95 与图 96 的两件玉人俑，可见一斑。当然，翁仲也许是更为我们所熟识的一种人物器型，那种用刀明快、造型精巧而神情威严的阮姓力士，自秦始皇始成全了多少个诸侯将相和封建士大夫们的护身消灾之梦？！因此汉代的翁仲人物玉佩，在今天也是一种一器难求的珍宝！

图【097-A】 玉翁仲 汉代 51×11×6mm

性状：白玉。质润，轻微沁染。神情威严。腰部两侧有孔分别通向头部，供系佩。

◀ 图【097-B】 器型参考图例之一：汉代，玉翁仲，上海博物馆藏。

▲ 图【098-B】 汉代，玉蝉背面图。

◀ 图【097-C】 器型参考图例之二：汉代，玉翁仲，选自文物出版社2009年版《陕西出土汉代玉器》。

图【098-A】 玉蝉 汉代 66×37×6mm

性状：白玉。玉质莹润。器型标准，入刀工法干净利索，为唅蝉之精品。

佩 玉 将 将

说说目鉴识玉的是非与局限

在尚未出现科学的、准确的检测方法之前，对于古玉真赝的鉴定，我们大致都借助于经验，通过目测的办法来予以认定。目测也即为“眼学”，是以传统经验为前提，对鉴定对象作出年代、优劣和是非判断的一门学问。目前对于古代玉器的年代鉴定，基本上都是通过传统眼学的途径来判别并确定的。这是因为，至今还没有任何一种可靠可行的实验室仪器，能够应用于古玉时代信息的测定。由此看来，眼学判断对于古玉的收藏和鉴赏，也是唯一可以被多数人认可的必由之路。

◀ 图【099-B】 汉代，玉龙形佩拓片。

图【099-A】 玉龙形佩 汉代 105×40×4mm

性状：青玉。片状。器身钙化明显。龙有鳞、翼，昂首曲颈卷尾，呈爬行状。

但前面说了，传统的“眼学”辨识是以传统的鉴别“经验”为前提的，那么，经验的正确性与丰富性是决定眼学结论正确与否的两个最重要的条件。正确性是指你在作出眼学判断时，你所获取的经验是正确的或大致正确的，而丰富性则是指你有足够的信息量来考证并判断你所鉴别的对象。显然，眼学虽然人人都可以应用，但得出的结论却因为正确性与丰富性这两方面的差异而导致误差甚至截然不同。这种现象司空见惯，想必每个涉足其间的朋友都有体会。

◀ 图【099-C】 汉代，玉龙形佩背面图。

实践证明，不少以研习和收藏为志趣的有识之士，长期以来积累了大量行之有效的眼学辨识古玉真伪的经验，让我们共享到了一份弥足珍贵的财富。但同时我们应该看到，经验一旦成为了一个固守的框框，那么它的指导意义也就会一下子消失殆尽。因此不可否认的是，还有相当多的一部分群体，由于僵化的思维方式或受到经验主义的束缚，对于古玉的目测鉴别，显示出了明显的偏颇和不足。突出的表现，是在玉表、器型和材质的鉴别上，一叶障目，存在着较为严重的视野局限，从而导致了古玉鉴藏上的是非纷争和瓶颈现象。

◀ 图【099-D】 器型参考图例：汉代，青龙画像石拓片，选自重庆大学出版社 2006 年版《汉画故事》。

图【100-A】 镂空四神佩　汉代 112×69×4mm

性状:白玉。片状。单面工。镂空饰青龙、白虎、朱雀、玄武。质佳沁美。

▲ 图【100-B】 汉代,镂空四神佩背面图。

一、玉表鉴别。古玉以玉表断代，一看沁色，二看灰皮，三看包浆（氧化膜光泽），这可以认为是眼学鉴别古玉的普遍性经验。其中迹象明显者，几乎适用于任何年代的古玉鉴识。这不为错，完全可以作为一种比较可靠的辨识依据。但问题是，并不是所有的真古玉都是具备这三者条件的，有些甚至除了仅有润泽晶莹的本质表露外，全无沁变及灰皮的迹象。而恰恰是这种精良本色的古玉，时常会非常容易地从我们的眼皮底下溜过，或者干脆遭到否决。原因是：旧气不足。据观察，为数不少的藏家，对于中古乃至汉以前的古玉，除了深重自然的沁色之外，主要的断代依据，是看玉表的灰皮。也即只有存在鲜明沁痕或显然的雾状灰皮的古玉，才被肯定和认为是可靠的，反之，如果不是来自于博物馆的藏品，看到那些即便沁状斑驳而色感滞涩、乏有皮壳，或色泽润滑、光亮如新的实物，其被否定并招致排斥的概率，往往占到绝对多数。这实在是一个怪圈，似乎越是朽迹斑斑的古玉，越是会受到交口称誉、热烈追捧；而越是精良的古玉，却越是在不断的猜疑中受到冷遇。有种说法经常为人所引用：一件即便无入土经历而长期搁置于室内与空气密切接触的近代古玉，其玉表的氧化反映即皮壳外在的旧气特征，在今天看来也是显而易见的，更何况是千年以上的古玉？这固然是对的，因为有客观存在为证。但在承认这种客观存在的情况下，我们有没有想过另外的一些情况？比如：玉器在空气中长期外露与在较好的封闭环境或良好的地质地貌下所出现的情况，其玉表的表现是否有所不同？这是其一。其二，同时代的两件不同处理方式的玉器，比如一件长期束之高阁，另一件则人为经年盘玩并传之于后世的玉器，其玉表在今天看来是否同样有着非常明显的差异？等等。这里想说明的是，千差万别的置藏环境和人为因素会使玉器的表象发生千差万别的表现。因此，以玉表来行一票否决的鉴别是需要特别慎重的。而在眼学的经验中，“灰皮说”是可资借鉴的，它确实是一种经验，但并不是绝对真理。如果跳不出这种局限，那么可以肯定地说，它对于提高我们对于古玉收藏和鉴赏的眼光与层次，有着不可忽视的影响。

二、器型鉴别。在器型鉴别上，我们最常见的问题是按图索骥。当然了，这同样是一种容易误入歧途的方法——虽然同一时代的同类器型玉器为数不少，但绝对不能作为一种鉴定方法论予以推广。而更多的，则是采用“标准器比照法”的目测经验，即对于古玉的年代及真伪认定，一定是从标准器的信息库中去寻找鉴别根据。这同样不能为错，而且非常适用于通常的辨伪过程。可是，这里说的是“局限”——局限就在于，在你储存了大量的古玉标准器信息的同时，不要忘记应该更多地去研究包含在这些信息里所体现出来的不同时代的风格特征和精神实质。也就是说，你对自己的丰富的信息，必须有一个由表及里的感悟和认识。否则，在一件游离于熟识的标准器之外的古玉面前，你依然会感到无所适从。在现实中，我们看到有些眼力不错的藏家，他们具有丰富的经验和真实的藏品，但是据我们观察，其中不少的朋友，他们的经验与藏品较多的还是停留在对标准器的捕捉和认识上，因此，就高古玉而言，若是说起蒲、谷纹璧、环；龙、凤型佩饰；还有辟邪、剑饰、琮璜礼器等等诸如此类的形制鉴别，从特点、纹饰和刀工，他们会一一道来、如数家珍，也就是说，对于那些常见的标准器的把握和理解，确实也到了可称为炉火纯青的程度。可是，古玉是一个丰富多彩的世界，这从不断的考古发现中可以得到证明。在这个世界里，一个陌生的面孔如果出现在考古发掘现场，它所产生的震撼力和给人们带来的惊喜是不言而喻的。但如果一旦出现在一个藏家的面前呢？是否会出现同样的惊喜或者显得束手无策？那就是对这个藏家眼学的考量与挑战了。从众多的出土于晚商时代而地点不同的兽面形玉器来看，我们除了看到大致相似的形制以外，你能说出哪一件玉器作为殷商时期的兽面形更为典型？答案可能是“无可奉告”。须知，在上古年代，那些灵活多变、出奇制胜的玉器是经常出现的。因此，可以肯定的是，如果唯标准器是识，跳不出那个束缚自己的思维框框，那么就无法会有新的突破，收藏与鉴赏同样只会在一个狭小的圈子中打转。

▼ 图【100-C】 器型参考图例：汉代，玉座屏，河北省定县北陵头村出土。

而只有既能大量地掌握古玉标准器的年代特点和风格，又能据此更多地延伸到历史、文化与审美情趣等等内涵上来作拓展性学习和理解，才能对收藏品中杀出来的“黑马”，做到慧眼独识，从而避免与珍品失之交臂。毋庸置疑，突破这样的一种眼学局限，使自己的鉴藏水准和品位能更上一层楼，不能不说“事关重大”！——只是同时需要提醒的是，许多臆造赝品也都貌似“黑马”，打眼的可能性不单单取决于狭隘的标准器情结，还会取决于知识面、心态、经验、思维方法等等诸多方面。

三、材质鉴别。对玉材辨别的眼学盲点，在于和田田之外的材质判断，存在着很大的距离感和排他性。如果以殷商为年代界限，那么殷商之前用玉的芜杂和东周之后和田玉渐成主流之后的情况，大致上可以作为判断根据。但是，这绝对不是一个金科玉律般的概念。我们在辨别古代玉器材质的时候，不能不综合考虑时代局限、地域性特质、交流与传承关系等等因素。事实上，在一个特定的年代和特定的地域里，我们基本上可以发现大致一致的用玉脉络。但在这个脉络中，我们又往往会看到一些特殊的案例。这种特殊的案例，如果稍加留意，我们在考古发掘的实物中每每能够看到，只是对它的特殊性容易忽略罢了。而在辨识过程中，它却成了我们严重的障眼。以战国两汉时期为例，在王室诸侯开始大量以和田玉为主要原料的用玉阶段，西北的蓝田玉、东北的岫岩玉、中原的独山玉和吴越地区不知名的地方杂玉等等不同材质，依然出现在不同区域的考古现场并展现出各自的风采。这个在理论上大概可以理解，但是在收藏与鉴识的实践中，较多的情况是，凡是涉及到战国至两汉时期的玉器，如果材质不能认定为和田闪玉，那么，十有八九的结果，是对该器物一概的予以否决。事实上，在战国与汉代这一漫长的历史时期，除了优选和田白玉、青白玉、青玉之外，对有些玉料的选用（如岫岩软玉等），同样经历了漫长的时光，有的甚至在一定时段一定地区内占有相当比例。如河北满城汉墓出土的西汉中山靖王刘胜及王后窦绾的两套金缕玉衣，经专家鉴定多取材于岫玉。山东曲阜、湖北荆州等一带出土的战国至汉代时期的出土玉器中，那种闪玉类的青黄色玉材也每每见到。这就说明，古代玉器的材质选用，与玉表和器型的表现方式一样，都不是一个简单划一的概念。它也是在一个基本的框架之下，又会因时代和地域的不同而有所变化，并呈现出

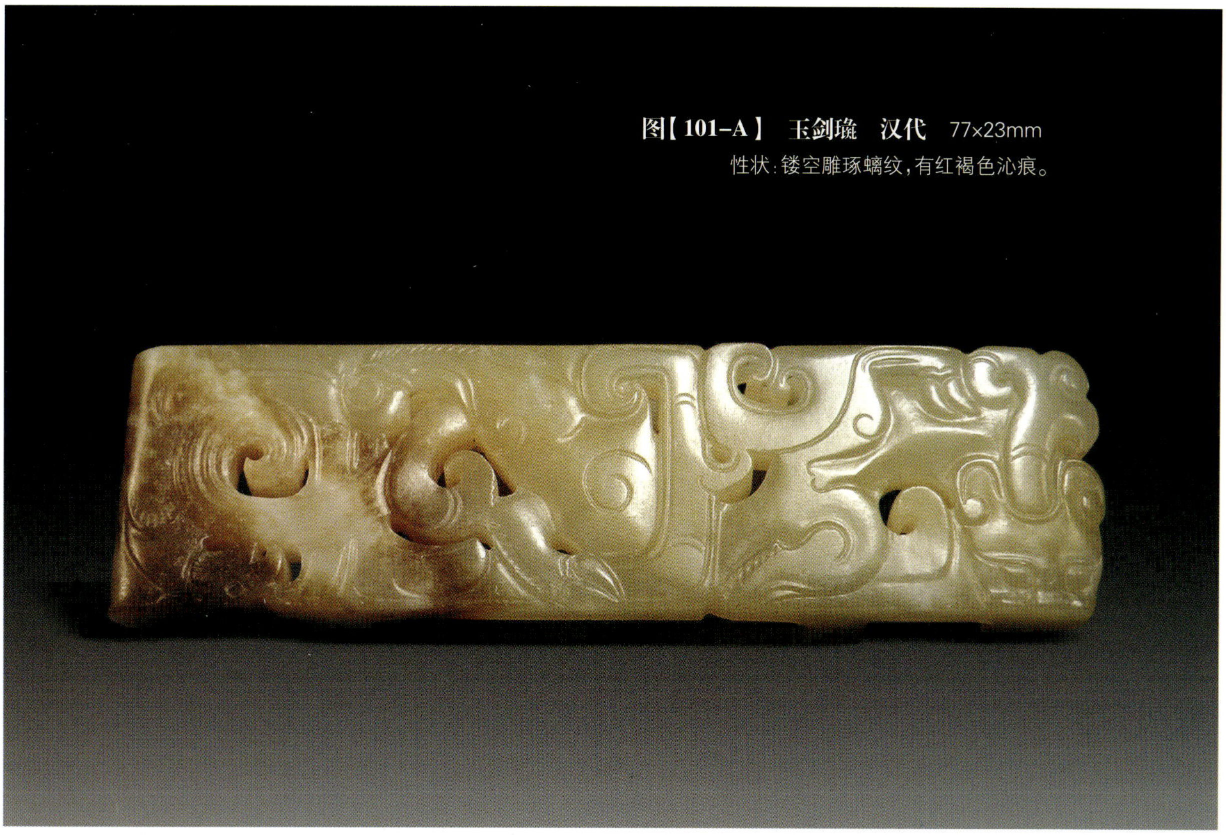

图【101-A】 玉剑璏 汉代 77×23mm

性状：镂空雕琢螭纹，有红褐色沁痕。

▲ 图【101-B】 汉代，玉剑璏背面图。

多层次的格局。在对于古代玉器的材质认定中，我们不能不考虑这样的一种因素。

由是说到产生上述种种局限的原因，不外乎有二：一是自信有余而文化准备不足。二是偏执有余而知识积累不够。这里，第一种情况就是说如果眼学判断没有一定的文化底蕴做支撑，那么面对一些复杂的情况判断，就难保会有正确的结论。不少朋友因为有了一段时间的识玉藏玉经历，往往滋生出过分的自信心。他们过分相信经验而不重视经验之外的知识充电，不重视对于世间事物复杂性的辩证思维方式，不重视不断地提升自己的历史、文化和审美修养，结果就只能使经验成为教条。举个例子说，几乎所有的人目测古玉，都会首先要说到气韵或神韵，但结论的准确与否，问题恰恰就出现在对气韵或神韵的理解和判断上。因为我们知道，气韵或神韵是一个具有时代风格的美学概念，它其实是看不见摸不着，没有定律也不能言传的。它靠的是感悟、靠的是对美的时代性的理解。可是，在你十分缺乏这样的感悟，在你对某个时代玉器的风格特征和美学概念知之甚少或一无所知的情况下，试想，对一件玉器神韵的判断会产生什么样的结果？那就不言而喻了。第二种情况，是说知识面的薄弱同样会影响眼学的断定。人无全人，因此难免孤陋寡闻。不过在孤陋寡闻的情况下，更需要有自知之明。否则，凭经验轻率下结论容易闹出笑话。有时上网，会看到一个非常有趣的现象：有的新手，冷不防会贴出一些并不常见的博物馆藏玉器图片，看高手们怎样振振有辞地说三道四，东一榔头西一棒的狠命“砸砖”，幸灾乐祸。这自然是一种恶作剧。但反过来我们是否也冷静地思考一下，在我们的眼学经验中，究竟还缺少些什么或者需要改变些什么？信息？理智？视野？方法？也许都是。比如说到战国与汉代的玉器的造型与工法，“力度”、“张力”、“气势”等等是一种大致上的鉴别要点，尤其是佩饰件与礼器，但我们能据此认为它就是涵盖所有的这一时代的玉器特征吗？显然不能一概而论。眼学的鉴别，宏观上的把握与微观上的差别必须同时兼顾。而要做到这样，你就不能不注意不断充实自己的信息库。有许多错误判断的原因，都是知识上的缺陷造成的。那么，在没有足够的知识准备的情况下，对任何事物贸然地说三道四或主观臆断，显然都是不负责任和不明智的表现。总之，在对于古玉作出真伪鉴别时，“经验”的偏颇与知识面的褊狭，都有可能使我们陷入判断的误区。

克服目鉴识玉辨别真伪的局限，其实不仅仅局限于玉表、器型、材质等等这些单一的问题，从根本上说，是思维方法问题。如果我们在分析和思考问题的时候，不囿于一时一地一器一物，也不定格于一种模式、一个框框，更不固执己见，而是能以一种开放的心态，在一个全方位的视野之下，对事物作出理性的、科学的、言之有理的研究和判断，那么，我们相信离真理的距离，也就越来越近，那些无穷无尽的以眼学鉴别古玉真伪的真假之争，也势必随之会越来越少。

图录索引

【000】	夏代-商代早期	玉璋
【001】	商代早期	玉人面饰
【002】	商代	玉人首形佩
【003】	商代-西周	玉人首形佩
【004】	商代	玉兽面形佩
【005】	商代	玉钺
【006】	商代	玉虎
【007】	商代	玉虎
【008】	商代	环形玉兔
【009】	商代	玉兔
【010】	商代	玉兔
【011】	商代	玉龙
【012】	商代	玉龙柄槽形佩
【013】	商代	玉龙
【014】	商代	玉龙
【015】	商代	玉龙
【016】	商代	玉龙
【017】	商代	高冠鸟形佩
【018】	商代	玉鸟
【019】	商代	玉凤
【020】	商代	玉马
【021】	商代	玉鹿
【022】	西周	玉鹿
【023】	西周	玉咬尾龙
【024】	西周	玉卷尾龙
【025】	西周	玉咬尾龙
【026】	西周	玉鸟龙合体佩
【027】	西周	玉龙环形佩
【028】	西周	玉凤纹璧
【029】	西周	玉凤纹璧
【030】	西周	玉凤纹璧
【031】	西周	鸟鱼合体佩
【032】	西周	人龙合体佩
【033】	西周	人龙合体佩

【034】	西周	玉兔
【035】	西周	玉兔
【036】	西周	玉牛
【037】	西周	玉狗
【038】	西周	玉柄型器
【039】	西周	双龙合体玉佩
【040】	西周	玉人首形佩
【041】	西周-春秋	龙纹玉环
【042】	春秋	玉虎
【043】	春秋	玉龙
【044】	春秋	玉兽面纹方形勒
【045】	春秋	玉龙、蝉纹琮形勒
【046】	春秋-战国	玉蟠虺纹勒
【047】	春秋-战国	兽面纹玉佩
【048】	春秋-战国	玉珩
【049】	春秋-战国	兽面纹玉佩
【050】	春秋-战国	玉环
【051】	春秋-战国	玉环
【052】	春秋-战国	蟠虺纹扁勒
【053】	战国-汉代	玉凤首形簪
【054】	战国-汉代	玉凤形佩
【055】	战国-汉代	玉凤形佩
【056】	战国-汉代	龙凤出廓璧
【057】	战国-汉代	螭凤玉佩
【058】	战国	凤首龙身佩
【059】	战国	双龙首玉璜
【060】	战国	双龙首玉璜
【061】	战国	镂空双龙首玉璜
【062】	战国	玛瑙玉觿
【063】	战国	龙纹觿形玉佩
【064】	战国	龙形佩
【065】	战国	龙形佩
【066】	战国-汉代	玉璜
【067】	战国	龙凤形佩
【068】	战国	S 形龙纹佩
【069】	战国	S 形龙纹佩
【070】	战国	S 形龙纹佩
【071】	战国	蟠虺纹玉勒
【072】	战国	兽面纹玉勒
【073】	战国	出廓玉璧
【074】	战国	玉带钩
【075】	战国	玉剑珌
【076】	战国	玉人
【077】	战国	玉璧
【078】	战国	玉鍱
【079】	战国	双蛇形玉佩
【080】	战国	玉蟠虺纹环

【081】	战国–汉代	玉蝉
【082】	汉代	鸡心佩
【083】	战国–汉代	螭虎环
【084】	战国–汉代	螭虎环
【085】	战国–汉代	龙形环
【086】	汉代	龙形环
【087】	汉代	螭虎环
【088】	汉代	龙凤纹璧
【089】	汉代	绿松石辟邪
【090】	汉代	玉猪
【091】	汉代	玉兽
【092】	汉代	玉凤形佩
【093】	汉代	玉凤形佩
【094】	战国–汉代	玉舞人
【095】	汉代	玉人
【096】	汉代	玉跪俑
【097】	汉代	玉翁仲
【098】	汉代	玉蝉
【099】	汉代	玉龙形佩
【100】	汉代	镂空四神佩
【101】	汉代	玉剑璏

后 记

酝酿这本拙著的想法，也有好长一段时间了。所以没有迟迟付梓出版，是基于这样的两个原因：一是盘算着怎样把这样的一本图文集子出得漂亮些、好看些，把那些代表着数千年华夏文明的玉器艺术品真实地、充分地表现出来，让读者即使随意翻翻也有一种美的感染，这就颇费周折，因此在资料的搜集和影、像作业上势必多花了点工夫。二是希望能给有相同爱好的读者分享一点个人的鉴藏和赏析体会，但又觉得这种体会很不成熟，且有让人误入歧途之嫌，因此也一直处在踌躇不决之中。当然，现在所以交付出版了，并不是说这两个方面已经做得很好或问题完全解决了，不是的。那最终还是觉得只要心存善念，襟怀坦白，那么计划中的事，该做的还得去做；内心的想法，该说的也还得去说。只要是尽心、尽力了，那么做得好不好或说得对不对，也就交给时间和读者一一去验证，无须多加顾虑了。当然，百花文艺出版社的热情支持和鼓励，也是本书得以顺利出版的原因之一。

在工作和生活之余，我们对于古玉爱好，已经有些时日了。陈列在各地博物馆里的那些灿若繁星的瑰宝，是我们百看不厌的目标。而面对自己的收藏，在领略了古玉文化多姿多彩的艺术风貌、获得了丰富的精神享受的同时，也少不了背后的困惑和烦恼。但不管怎样，我们在热爱着、探索着，并坚持着，因为我们实在放弃不了一件古玉所能带给我们的无穷魅力。我们相信心诚则灵。作为一名中国人，我们又为自己民族辉煌灿烂的文化而感到骄傲和自豪。我们现在出版这本集子，既是对自己收藏和学习成果的小结，同时又表达了我们执著于探求和弘扬古玉文化精神的一种态度。

在本书的出版过程中，我们得到了不少仁人志士的支持和帮助。南京师范大学美术学院的李恬、颜磊等几位在读研究生，为书中图片的拍摄和处理做了大量工作；无锡博物院的黄懿君女士，对其中的部分藏品做了认真的拓印。在此期间，我们还有幸聆听了古方先生对于古代玉器文化内涵的诠释和教诲，受到了很好的启迪。故宫博物院的张广文先生，也在百忙之中为拙著题字作序，使我们十分感激。另外，赛博公司的树榕小姐对本书文稿的设计亦有帮助。在此，我们一一致以诚挚的谢意！

现在，我们把本书呈献给读者，期待着有更多的批评和帮助。

李惠新　丁峰

hmr99@hotmail.com

2011 年 2 月 16 日